Le vrai pouvoir du Vatican

Jean-Michel Meurice

Le vrai pouvoir du Vatican

Enquête sur une diplomatie pas comme les autres

Préface du père Henri Madelin

Albin Michel

L'éditeur remercie Daniel Demongeot
pour son aimable collaboration.

À la mémoire de Louis Blondel,
Père Blanc des missions d'Afrique,
assassiné à Diepsloot (Afrique du Sud),
le 7 décembre 2009

Préface

« L'Église de Pierre doit assumer son passé, ou alors elle creusera sa tombe. » Cette formule lapidaire date de 1936 ; elle émane du cardinal Eugenio Pacelli, qui devint pape sous le nom de Pie XII à un moment crucial de l'histoire du XXe siècle. Elle marque bien l'ancrage de Rome dans une solide tradition millénaire mais conduit aussi à réfléchir aux mutations, voulues ou imposées, de la diplomatie de l'Église, laquelle diffère de celle des autres chancelleries sur de nombreux points.

La diplomatie vaticane est bel et bien adossée à un passé multiséculaire, mais elle doit constamment faire face à l'inattendu. Et c'est seulement en allant de l'avant qu'elle entend demeurer fidèle aux sources qui la fondent. Elle peut sembler décevante à ceux qui aspirent à une Église des catacombes dépouillée de ses oripeaux mondains. Les plus exigeants attendent d'elle un courage proprement prophétique. Au début du XIXe siècle, en pleine crise moderniste, Alfred Loisy parle ainsi des déceptions apparues dès les commencements : « On attendait le Royaume de Dieu annoncé par le Christ et c'est l'Église qui est venue. » Mais si l'Église se considère comme « le Christ continué », la mémoire vivante du Christ ressuscité, de telles dichotomies deviennent difficiles à tenir.

L'Église, toujours porteuse de l'« Évangile éternel » dont parle l'Apocalypse de Jean, est en même temps confrontée au réalisme brutal des puissances terrestres ; et il lui faut batailler ferme pour inscrire en ce monde de sang et de larmes une volonté de paix et une exigence de justice. À travers la dureté des temps qu'elle a traversés sans périr, elle a remarquablement étendu son aire de présence jusqu'aux confins de notre planète, elle qui a reçu de son fondateur une mission universelle : « Allez donc, de toutes les nations faites des disciples, les baptisant au nom du Père et du Fils et du Saint-Esprit, et leur apprenant à observer tout ce que je vous ai prescrit. Et voici que je suis avec vous pour toujours jusqu'à la fin des siècles ». C'est sur cet envoi dans le vaste monde, avec les risques à courir et l'assistance promise, que se clôt l'Évangile de Matthieu. Le Christ n'a pas fondé son Église avec des purs et des innocents, comme le montre déjà la figure de Pierre, qui a renié trois fois son Maître. Il l'a confiée dès le départ à des hommes appelés à la sainteté mais néanmoins pécheurs ; il a donc pris le risque de tout faire reposer sur la liberté et l'intelligence des hommes. Un texte du concile Vatican II dit bien cette singulière alliance humano-divine : « Tandis que le Christ saint, innocent, sans tache, ignore le péché, venant seulement expier les péchés du peuple, l'Église, elle, renferme des pécheurs en son propre sein, elle est donc à la fois sainte et toujours appelée à se purifier, poursuivant constamment son effort de pénitence et de renouvellement. » (*Lumen Gentium*, § 8).

L'Église est porteuse de ce que saint Augustin appelle « l'enchevêtrement l'une dans l'autre de deux cités » : la cité des hommes et la cité de Dieu. Certains la quittent, d'autres y entrent et cela jusqu'à la fin des temps : « Qu'elle ne perde surtout pas de vue, écrit l'évêque d'Hippone, que parmi ses adversaires se cachent de futurs concitoyens ; qu'elle n'aille point penser qu'il est sans profit, même pour eux, de les supporter ennemis en attendant de les accueillir convertis. » Les catégories d'ennemi et d'ami, d'intérieur et d'extérieur sont des catégories politiques qu'utilisent les diplomates ; mais le peuple des Églises est un peuple en mouvement permanent de dépassement des frontières spatiales et temporelles. Pour le croyant sincère, le temporel ne peut être séparé de l'éternel. « En ce monde, précise Augustin, elles avancent ensemble, les deux cités, enchevêtrées l'une dans l'autre, jusqu'à ce que le Jugement dernier survienne et les sépare. »

La diplomatie vaticane a connu une révolution avec l'effondrement du pouvoir temporel du pape, quand l'Italie a réalisé son unité en 1870. Le 20 septembre de cette année-là, les troupes piémontaises pénètrent dans Rome. Les dix mille hommes qui constituent l'essentiel des troupes de Pie IX, dernier des pontifes en charge d'un État souverain calqué sur le modèle des royautés, cessent le combat ; le pape se réfugie au Vatican et se constitue prisonnier volontaire. Il faudra attendre les accords du Latran, signés entre l'Italie et le Saint-Siège le 11 février 1929, pour que s'ouvre une nouvelle ère dont nous héritons. Les signes, alors, s'inversent. Le

Vatican renonce à jouer le jeu de la compétition entre États souverains. Il abandonne irrémédiablement le sceptre royal et revêt des habits neufs. Dans son discours à l'ONU, le 4 octobre 1965, Paul VI en tire la leçon. Devant les représentants de toutes les nations de la terre, il ne se dit « investi que d'une minuscule et quasi symbolique souveraineté temporelle : le minimum nécessaire pour être libre d'exercer sa mission spirituelle et assurer ceux qui traitent avec lui qu'il est indépendant de toute souveraineté de ce monde ».

Ce qui a été imposé jadis sous la contrainte politique s'est transmué en un facteur de liberté et a su retrouver une certaine saveur évangélique. L'article 2 du traité du Latran permet la création de l'État de la Cité du Vatican et « reconnaît la souveraineté du Saint-Siège » sur cet État atypique. La fonction glisse du matériel vers le symbolique. Cette infime souveraineté temporelle est là pour assurer que l'Église catholique possède, sur un espace terrestre, le minimum d'enracinement qui lui est nécessaire pour déployer « sa mission spirituelle » à travers le monde. Le gouvernement italien, lui, a pour unique fonction contractuelle de « garantir » l'intégrité territoriale d'un État qui compte désormais 44 hectares. Dotée de sa propre administration rodée à l'exercice international, adossée à son histoire et à l'ombre de la figure prestigieuse du pape, usant du réseau planétaire de ses nonciatures, la diplomatie du Saint-Siège entend œuvrer efficacement dans le concert international pour y imprimer sa marque. Dans le livre qu'on va lire, l'historien Giancarlo Zizola souligne justement que demeurent des traces monarchiques de l'époque antérieure. Elles sont lisibles aujourd'hui quand on voit la solitude, digne d'un monarque des temps passés, dans laquelle le pape prend certaines décisions qui sont immédiatement répercutées aux quatre coins de la planète. Cette façon de faire rehausse le prestige de la fonction, mais révèle à l'usage des failles et provoque des ratés – on l'a vu encore récemment avec Benoît XVI. La collégialité voulue par Vatican II n'est pas encore vraiment parvenue jusqu'à certains niveaux de décision.

Présent dans les grandes agences et enceintes internationales, le Saint-Siège est membre de nombreuses organisations mondiales liées ou non à des pouvoirs nationaux. L'État lilliputien de la Cité du Vatican ne correspond pas à l'émergence d'une nation. Nul n'en est membre selon le *jus sanguinis* ou le *jus soli*; seul le *jus officii* régit ici l'appartenance. À travers lui, le Saint-Siège possède un statut *sui generis* dans le droit international et les pratiques qui y sont liées. Lorsqu'il m'arrive de siéger au nom du Saint-Siège dans les enceintes du Conseil de l'Europe, je réalise mieux l'opportunité que représente pour l'Église universelle cette mutation de la place et du rôle du Saint-Siège, subie et voulue à la fois, qui a été rendue possible par les accords du Latran [1].

En raison de ce positionnement nouveau, avec l'appui d'encycliques comme *Mater et magistra* et de textes issus du concile Vatican II – notamment la Déclaration sur la liberté religieuse – grâce aussi aux effets

1. Rubrique "Vatican City State" in *Oxford Dictionary*, Oxford University Press, 2001, p. 886.

surprenants des accords d'Helsinki, la diplomatie vaticane peut aller de l'avant. Avec l'ouverture de relations diplomatiques avec la Russie fin 2009, les échanges diplomatiques entre le Saint-Siège et les États du monde ont atteint le chiffre de 174, ce qui représente plus du double de ce qui se faisait au début du pontificat de Jean-Paul II. On s'est aperçu de la grandeur de cet universalisme prodigieux au moment des obsèques de celui-ci sur la place Saint-Pierre : présence des médias du monde entier répercutant l'événement en tous lieux ; chefs d'État et de gouvernement accourus en grand nombre, avec la Chine présentant des excuses pour son absence au plus haut niveau ; peuples venus de tous les continents ; liturgie dépouillée avec deux symboles forts : la lumière d'un cierge et l'ouverture du livre sacré portant le témoignage des Écritures... Pour quelques instants furtifs, c'était comme la réalisation d'un rêve millénaire et la promesse d'un avenir autre. On assistait dans la joie à l'échange d'un baiser de paix entre le monde présent et une religion universelle conduite par un pape, appelé à « présider à la charité », à la tête d'une institution désormais désireuse d'œcuménisme au sein d'une humanité un instant réconciliée.

Père Henri Madelin, jésuite
Service jésuite européen

Avant-propos

Ceci n'est pas un ouvrage d'historien mais une enquête. Lorsque Arte m'a proposé de réaliser un film documentaire sur l'histoire moderne de la diplomatie du Vatican, j'ai aussitôt mesuré la difficulté de l'entreprise. Mettre en lumière la géopolitique du Vatican vue de l'intérieur semblait une mission difficile sinon impossible, tout d'abord parce que les propos d'Église sont le plus souvent et tout naturellement ceux de la pastorale plus que de la politique. Faire de la politique est même quelque chose dont l'Église se défend ; en parler pèse comme un soupçon. De plus, l'Église catholique, et la curie romaine en particulier, est connue pour cultiver un goût certain du secret, marié à une grande maîtrise du langage diplomatique.

Il n'existe aucun ouvrage de synthèse globale sur la question. Beaucoup d'historiens ont abordé le sujet comme on aborde une île : sans chercher à en faire le tour, en se cantonnant à une période. Il m'a donc fallu commencer par une longue recherche de lectures complémentaires et absorber un grand nombre d'ouvrages historiques avant de définir l'ampleur de la fresque et la nature de ses différentes séquences.

Au-delà des lectures, de nombreuses rencontres avec

certains de ces chercheurs ont encore été nécessaires. Tous m'ont éclairé, redressant parfois des erreurs, indiquant de nouvelles pistes, en précisant d'autres. Certaines rencontres n'ont pas donné lieu ensuite à un entretien filmé, car les exigences du tournage d'un film imposent de réduire le nombre des intervenants ; mais ce que j'ai appris des pères Jean-François Six et Giovanni Sale s.j., de José de Broucker, ainsi que des historiens Jacques Nobécourt, Bartholomé Bennassar et Annie Lacroix-Riz a été essentiel pour la suite de mon enquête.

Je dois citer le livre passionnant et très précis d'Hubert Wolf fondé sur l'étude récente des Archives vaticanes ouvertes en 2006 et portant sur les années de l'entre-deux-guerres, *Le Pape et le Diable* (CNRS Éditions, 2009), et celui du père Pierre Blet, *Pie XII et la Seconde Guerre mondiale d'après les archives du Vatican* (Perrin, 1997). Ce dernier livre avait été écrit à la demande de Paul VI après que celui-ci a, en 1963, ouvert l'accès aux archives des années 1939-1945 alors que naissait déjà la polémique sur l'attitude de Pie XII pendant la guerre. Je dois encore citer mes rencontres avec le père Pierre Blet et le père Jean-Yves Calvez, assistant général des Jésuites. Malheureusement, ces deux derniers sont décédés avant le tournage et n'ont donc pas pu figurer dans le film ni dans le présent livre. Enfin, une première rencontre et un entretien détaillé avec le père Peter Gumpel, relateur de la cause en béatification de Pie XII, m'a permis de préciser encore un grand nombre de points. Ce n'est qu'au terme de ce long parcours que je fus en mesure de composer un scénario détaillé ainsi qu'un protocole des questions à traiter.

La participation des historiens et autres spécialistes de l'Église que sont Philippe Chenaux, Guy Hermet, Philippe Levillain, Francesco Margiotta-Broglio, Hubert Wolf ou Giancarlo Zizola[1], s'est imposée. Il était plus difficile en revanche de connaître ceux des prélats qui pourraient témoigner, plus difficile encore de les rencontrer. Le CFRT (Comité français de Radio Télévision, qui produit l'émission dominicale *Le Jour du Seigneur*), coproducteur du film, m'ouvrit les portes du Vatican.

Je pus ainsi, chose rare, m'entretenir avec nombre de cardinaux, membres de la curie, qui avaient tenu un rôle important dans la diplomatie vaticane : Georges Cottier, qui fut le théologien de Jean-Paul II ; Roger Etchegaray, vice-doyen du collège cardinalice, qui parcourut le monde pour tisser de nouveaux liens avec les Églises locales ; Andrea Cordero Lanza di Montezemolo, qui fut nonce en Amérique latine et en Israël ; Paul Poupard, qui assura le dialogue avec les philosophes marxistes au temps de l'URSS ; Achille Silvestrini, qui mena avec le secrétaire d'État, le cardinal Casaroli, l'*Ostpolitik* vaticane à l'époque du rideau de fer ; Angelo Sodano, ancien secrétaire d'État et doyen des cardinaux ; ou encore Jean Louis Tauran, ancien secrétaire du conseil pour les relations avec les États puis responsable, entre autres, des Archives du Vatican.

La seule condition posée par ces princes de l'Église était que les entretiens se fissent en une seule prise,

1. Les biographies des intervenants sont présentées en fin d'ouvrage.

sans concertation préalable, mais avec une liste préparatoire des questions que je désirais leur poser. Il me fallait donc bien connaître les sujets dont je souhaitais m'entretenir avec eux pour pouvoir ensuite imaginer ce que je voulais savoir de plus et ainsi poser les bonnes questions. Cette méthode m'était familière : j'avais acquis une certaine expérience de ce genre d'« entretiens » lorsque j'avais interviewé des responsables du KGB ou encore le grand mufti d'URSS, Ziyauddin Babakhan, à l'occasion de mon film *L'Islam en URSS* (1980).

Il n'a pas été possible d'être exhaustif : certains pans de l'Histoire tels que, par exemple, la position de l'Église face aux tragédies africaines, dont le génocide rwandais, n'ont pas pu être abordés. Puisse cependant cette enquête servir à éclairer le lecteur, autant que le spectateur, sur un monde complexe et discret, sujet à de nombreux fantasmes, et dont la connaissance se révèle indispensable pour comprendre certains événements essentiels des cent dernières années.

L'ordre des chapitres n'est pas toujours strictement chronologique : en particulier, dans la mesure où l'intérêt du lecteur se portera naturellement sur la question de l'attitude des papes face à Hitler, nous avons choisi de reporter le chapitre, essentiel, sur la guerre d'Espagne et le franquisme (chap. VII) après celui sur la Seconde Guerre mondiale (chap. VI).

Jean-Michel Meurice

I.

Un État pas comme les autres

Le Saint-Siège est à l'origine le siège épiscopal de l'évêque de Rome. Au fil des siècles où s'est affirmée sa primauté, héritée de saint Pierre, sur les autres épiscopats de la Chrétienté, son détenteur, le pape, est également devenu un monarque temporel régnant sur un territoire, les États pontificaux, qui couvraient l'Italie centrale. Au cours du XIX*e siècle, la marche de l'Italie vers l'unification aboutit en 1870 à priver le pape de ses possessions territoriales : Pie IX se considère « prisonnier au Vatican ». Cette situation dure jusqu'en 1929, année où les accords du Latran mettent un point final à la « question romaine ». Le pape redevient un souverain temporel, à la tête de l'État de la Cité du Vatican, simple enclave à l'intérieur de Rome.*

Pour autant, le Saint-Siège conserve de son histoire une organisation étatique particulièrement complexe. Outre le pape, souverain suprême, le gouvernement en est assuré par la curie romaine, structure dont l'organe le plus important est la secrétairerie d'État, qui dirige notamment la politique internationale du Saint-Siège. Le cardinal secrétaire d'État est une sorte de Premier ministre du Vatican. La secrétairerie d'État comporte deux sections : l'une pour les affaires intérieures, dirigée par le substitut, et l'autre pour les affaires internationales, dirigée par le secrétaire pour les relations avec les États.

La curie regroupe également des dicastères (litt. « départements », sortes de ministères), à savoir les congrégations (pour la Doctrine de la foi, pour l'Évangélisation des peuples, pour les Causes des Saints...), les conseils (pour la Famille, de la Culture, pour le Dialogue interreligieux...) et les tribunaux, ainsi que des commissions (biblique, théologique...), des organes de gestion financière et patrimoniale, des académies ou encore une armée (les gardes suisses). La curie comporte en outre le synode des évêques, institution permanente instituée par le pape Paul VI, le 15 septembre 1965, en réponse au désir exprimé par les pères du concile Vatican II de maintenir vivant l'esprit de collégialité engendré par l'expérience conciliaire. Enfin, les nonces apostoliques, titulaires d'une nonciature, sont les ambassadeurs du Saint-Siège auprès des États étrangers.

On appelle cardinaux les prélats les plus importants de la hiérarchie ecclésiastique. Ils peuvent être évêques ou archevêques résidentiels (en charge d'un diocèse), ou encore exercer une fonction au sein de la curie. Si, depuis Jean XXIII, seul un évêque peut devenir cardinal, Jean-Paul II et Benoît XVI ont enfreint la règle pour élever certains prêtres à la dignité cardinalice. Les cardinaux ont pour tâche de se réunir en consistoire pour traiter des grandes questions de l'Église, de conseiller le pape, d'agir en tant que délégués pontificaux en maintes occasions... Les cardinaux âgés de moins de quatre-vingts ans se réunissent, à la mort d'un pape, en conclave pour élire le nouveau pape.

Le pouvoir pontifical se caractérise par son extrême longé-

vité : de 1914 à 2009, on compte huit papes – Benoît XV, Pie XI, Pie XII, Jean XXIII, Paul VI, Jean-Paul Ier, Jean-Paul II et Benoît XVI – et neuf secrétaires d'État – NN. SS. Gasparri, Pacelli, Maglione, Tardini, Cicognani, Villot, Casaroli, Sodano et Bertone –, soit seulement dix-sept hommes en près d'un siècle. Eugenio Pacelli, nonce en Allemagne à partir de 1917, devient secrétaire d'État de Pie XI en 1930, puis pape sous le nom de Pie XII en 1939 jusqu'à sa mort en 1958. De même, Mgr Giovanni Battista Montini, rentre à la secrétairerie d'État en tant que simple auitante *(« préposé ») en 1924 ; il est nommé substitut à la secrétairerie d'État en 1937 ; à la mort du cardinal secrétaire d'État Maglione en 1944, lequel n'est pas remplacé, il assume l'essentiel de la fonction jusqu'en 1954, étant même nommé prosecrétaire*[1] *d'État en 1952. Il deviendra pape en 1963, sous le nom de Paul VI.*

Giancarlo Zizola, journaliste spécialiste des affaires vaticanes : La curie romaine est au service de la papauté. C'est une organisation complexe, pluraliste et ancienne qui tient à la fois de la Renaissance et de la modernité. La problématique de la curie romaine tient d'ailleurs en bonne partie à

1. Le préfixe *pro-* signifie dans le langage de la curie romaine que cette place est occupée par un évêque alors qu'elle devrait l'être par un cardinal. Ainsi, le propréfet d'une congrégation est un archevêque nommé à la tête de la Congrégation, alors que le préfet doit être un cardinal. Ce qui signifie que, lors du prochain consistoire, ce propréfet sera créé cardinal.

cette première « distorsion » entre un appareil de pouvoir datant de la Renaissance et son actuel fonctionnement interne.

Le collège des cardinaux, lorsqu'il se réunit en conclave pour élire un nouveau pape, agit démocratiquement : il vote à la majorité, à bulletin secret, après sélection des candidats. De même, les conciles œcuméniques, lors desquels le pape réunit les évêques du monde entier pour décider de la doctrine et de la pratique de l'Église, se déroulent de manière démocratique : on y vote « au placet », c'est-à-dire que c'est la proposition la mieux placée qui l'emporte. Ça, c'est effectivement la démocratie.

En 1965, le concile Vatican II avait établi – à une très grande majorité – que le pape devrait à l'avenir gouverner avec l'aide de représentants des évêques réunis en synode, et qu'il agirait avec eux et selon leur conseil : ceux-ci intervenaient donc *cum Petro et sub Petro,* « avec [le successeur de] Pierre et sous [l'autorité du successeur de] Pierre ». Mais cette réforme du système gouvernemental de l'Église universelle, du fait de sa radicalité, a été en pratique boycottée par la curie romaine qui craignait que l'unité de l'Église puisse être menacée. A posteriori, on se rend compte que le pape aurait dû prendre telle ou telle décision, non pas en solo, mais avec le soutien de la curie – même si, d'un strict point de vue canonique, le pape est censé gouverner l'Église avec les évêques, ses pairs, au sein du collège apostolique, et pas uniquement avec la curie, laquelle est là pour exécuter ses directives. L'effet de ce manque de réforme est bien visible : la curie romaine n'est pas simplement une structure exécutive mais bel et bien un organe politique qui gouverne en quelque sorte à côté du pape, et pas toujours avec lui. Elle fait sa propre politique : voilà, d'une certaine manière, sa principale incohérence.

Commentant la mise en œuvre de ses conceptions refondatrices, Jean XXIII me disait souvent : « Voilà le pouvoir, la solennité, la liberté au sommet du pontificat ! » Cette ironie en disait long sur la difficulté qu'un pape rencontre pour réaliser son programme de gouvernement – et sous Jean XXIII, les épisodes ne manquèrent pas. Il en fut de même de ses successeurs. Par exemple, Jean-Paul II décida de célébrer le jubilé de l'an 2000 et d'entrer dans le troisième millénaire du christianisme en procédant à une révision mémorielle. Reconnaître les responsabilités historiques de l'Église et procéder à un mea culpa collectif en présence de tous les cardinaux de la curie à Saint-Pierre, lors du mercredi des Cendres de l'an 2000, ne lui fut pas chose facile. La curie romaine n'a cessé de s'opposer à Jean-Paul II. Comme ses prédécesseurs, le pape avait besoin d'elle pour gouverner l'Église ; mais lui préférait gouverner – ou croyait gouverner – en faisant le tour du monde, en visitant les Églises locales. En réalité, que ce soit sur le mea culpa ou sur le dialogue avec les autres religions – on se souvient de la grande journée du sommet d'Assise, première rencontre de prière avec les leaders mondiaux des grandes religions en 1986 –,

Jean-Paul II a eu du mal à réaliser les principaux objectifs de son pontificat. Et il n'a pas davantage obtenu la pleine collaboration de la curie romaine quand il a décidé de s'opposer publiquement aux deux guerres du Golfe, en 1991 comme en 2003. Ces quelques exemples permettent de saisir qu'il n'y a pas d'identification absolue entre la curie et le pape. Ce sont deux entités distinctes qui collaborent parfois étroitement, parfois peu.

La pratique du secret est légitime dans les procédures décisionnelles de la curie, car elle lui permet de fonctionner le plus librement possible. Cependant, si le secret devient la règle, il dégénère facilement en instrument de pouvoir pour une Église qui fonctionne comme un organisme clos et ne tire sa légitimité que d'elle-même, à l'inverse de l'Église de la communion du peuple de Dieu que le concile Vatican II appelait de ses vœux.

Ce n'est pas un hasard si Paul VI suspendit précisément la norme du secret entre 1963 et 1965, pendant le déroulement des quatre sessions du concile Vatican II, alors que la curie avait tenté de l'utiliser pour s'imposer pendant la première session : il décida de communiquer à la presse internationale et à l'opinion publique jusqu'au détail des débats dans la salle conciliaire de la basilique Saint-Pierre. C'était là un signe de sa profonde conviction quant à l'importance du processus démocratique, de l'opinion publique au sein de l'Église.

Et, de fait, certains thèmes – comme la liberté religieuse et les relations avec les Juifs – furent sauvés par l'écho qu'en donnèrent la presse et les médias pendant le concile. Les journaux et les télévisions furent très souvent les lieux où les différentes positions discutées et débattues dans la salle du concile venaient se confronter publiquement, dans la logique de la démocratie contemporaine.

Aujourd'hui, beaucoup regrettent que cette Église qui sait discuter, intervenir dans le débat public à propos de sujets fondamentaux sur lesquels son opinion peut être importante et son expérience humaniste servir de repère, ait fait place à des pratiques qui empêchent le débat et cherchent à imposer la vérité sur ordre ou par décret.

Le mode de fonctionnement du gouvernement est-il différent d'un pape à l'autre ?

Père Peter Gumpel, s.j., relateur des saints et de la cause de béatification de Pie XII : J'ai collaboré avec quatre papes. Celui qui m'a le plus marqué est sans nul doute Pie XII. On avait le sentiment d'une personnalité qui jugeait tout dans la lumière de Dieu, de manière encore plus marquée, plus impressionnante que chez ses successeurs. Les quatre souverains pontifes que j'ai personnellement connus – Pie XII, Jean XXIII, Paul VI et Jean-Paul II – avaient tous, chacun à sa façon, une forte personnalité. D'une foi profonde, ils priaient et étaient des spirituels qui ne voyaient pas les choses seulement d'un point de vue diplomatique.

Leur manière de traiter les questions était très différente. C'est une richesse de l'Église catholique qu'il n'y ait pas, comme dans certaines monarchies, continuité d'une ligne. C'est une richesse, parce que si un pape s'engage dans une direction particulière aux dépens d'autres considérations, son successeur peut corriger cela : sur le long terme, on arrive ainsi à une position de l'Église plus équilibrée.

Pie XII était un juriste, un canoniste. Il voyait tout de suite les choses, non pas du seul point de vue théologique, mais aussi du point de vue du droit. Il avait une sensibilité extrême pour les injustices, dans l'Église ou hors d'elle, qu'il alliait à une grande maîtrise de la diplomatie. Jean-Paul II, à l'inverse, n'a jamais été un diplomate ; c'était en outre une personnalité très sensible aux questions sociales, plus sociologue que théologien. Jean XXIII, lui non plus, n'avait jamais eu de formation approfondie en droit. Sa vision était plutôt pastorale, il était comme un bon grand-père… Paul VI, lui, avait été diplomate. De plus, hormis un bref passage, en 1923, à la nonciature de Varsovie et son « éloignement » à l'archevêché de Milan entre 1954 et 1963, il a passé toute sa vie à Rome, à la curie.

Giancarlo Zizola : Jean XXIII a fait montre d'une manière de gouverner à la mesure de sa personnalité : courtoise. Mais il s'est très vite rendu compte que s'il laissait les choses telles qu'il les avait trouvées au terme du long règne de Pie XII, il ne parviendrait pas à mettre en œuvre les objectifs de son programme de gouvernement de l'Église. C'est pour cela que rapidement, quelques mois après son élection en 1958, il a annoncé qu'il allait convoquer le concile Vatican II. Autrement dit, qu'il allait appeler tous les évêques du monde à réfléchir sur les sujets essentiels pour adapter l'Église à la société contemporaine, qu'il allait faire appel aux différentes écoles de théologie, impliquant de fait la curie romaine dans un processus de débat qui n'avait pas eu lieu depuis plus d'un siècle, depuis le concile Vatican I, à la fin du XIXe siècle. Jean XXIII voulait gouverner en concertation. Il n'entendait pas prendre les décisions tout seul, à huis clos, mais les entériner avec l'ensemble de l'Église au terme d'un long et patient travail de recherche.

Les tensions avec le groupe puissant que constituait la curie romaine ont rendu la vie de Paul VI encore plus dure que celle de Jean XXIII. Paul VI a bénéficié du climat du concile Vatican II qu'il avait conduit à son terme, mais il comprit peu après que l'*establishment* en place bloquerait toutes ses réformes. Celui-ci comprenait notamment des groupes très traditionalistes qui, pour pouvoir exercer un chantage sur le pape et l'obliger à modérer l'application des réformes du concile, mirent en scène, à Rome même, le schisme lefebvriste.

Que fait alors Paul VI pour couper l'herbe sous le pied de ses opposants ? Il décide de jouer le temps. Il décrète une réforme imposant que l'âge limite pour qu'un cardinal puisse participer au conclave qui élit le pape soit abaissé à quatre-vingts ans et introduit dans le droit canonique une clause qui invite les évêques à renoncer à l'exercice de leurs fonctions dès l'âge de soixante-quinze ans. Résultat: l'un après l'autre, les vieux cardinaux de la curie romaine doivent abandonner leur charge. Les paniers de Paul VI se remplissent de têtes qui tombent les unes après les autres, aussi glorieuses et saluées de mérites qu'elles aient pu être. Ottaviani, le préfet du Saint-Office, s'en va, Tisserant, le doyen du collège cardinalice, s'en va... Et cela permet à Paul VI d'opérer un renouvellement de génération au sein de la curie. Il réussit ainsi à disposer assez rapidement d'une nouvelle équipe de gouvernement à la curie romaine, qui respecte ses choix pour une réforme prudente.

S. Ém. le cardinal Poupard, président émérite du conseil pontifical de la Culture : Paul VI, dont j'ai été le collaborateur, m'a demandé, il y a plus de quarante ans, d'écrire mon premier livre, *Connaissance du Vatican* (éd. Beauchesne, 1967). Ayant réformé la curie, il voulait que j'explique dans un livre ce qu'il avait voulu faire : simplement, tirer les enseignements du concile, supprimer les branches mortes d'un organigramme millénaire qui avaient survécu au pouvoir temporel des papes, lui-même disparu depuis un siècle, et puis répondre aux besoins nouveaux. C'est ainsi que la curie comprend désormais quasiment le même nombre de conseils que de congrégations. Les congrégations sont des institutions anciennes qui ont un pouvoir de gouvernement concernant les évêques, la foi… Les conseils, comme celui que le pape m'a demandé de créer, le conseil de la Culture, sont des institutions récentes (elles étaient inexistantes il y a un demi-siècle). Il y a naturellement eu bien des résistances : les vieux curialistes nous considéraient comme la curie *new look*…

Le pape Paul VI avait été pendant de nombreuses années substitut de la secrétairerie d'État et il la connaissait mieux que quiconque. Souhaitant surmonter autant que possible l'antagonisme entre le « centre » et la « périphérie », il a eu une très noble idée qui s'est révélée utopique : faire en sorte que certains ministères de la curie soient dirigés non pas par des cardinaux dont la charge épiscopale est purement formelle, mais par de « vrais » évêques résidentiels, c'est-à-dire en charge d'un vrai diocèse. C'est ainsi que, lorsqu'il a créé le secrétariat pour les Non-Croyants en 1965, il a demandé à Franz König de s'en occuper tout en restant archevêque de Vienne. De même, il a demandé en 1967 au cardinal Maurice Roy, archevêque de Québec, de devenir également le président de trois nouveaux conseils : Justice et Paix, pour les Laïcs, et pour la Famille. Mais comment pouvait-il à la fois s'occuper de son diocèse au Canada et faire fonctionner trois « ministères » à Rome ?

Paul VI percevait bien ces critiques qui n'étaient pas toutes injustes. Si les moyens qu'il a mis en œuvre n'étaient pas toujours praticables, intégrer les évêques du monde entier au fonctionnement de la curie romaine constituait une symbolique très forte. Ce qui a mieux fonctionné, c'est l'intégration des évêques résidentiels, non pas à la tête, mais au sein même des congrégations et conseils. Une congrégation ne se résume pas à son président ; elle fait travailler ensemble, sur un mode collégial, quinze ou vingt cardinaux. Quand j'ai intégré la curie la première fois, en 1959, les cardinaux étaient tous romains. Paul VI, par décret, a imposé des évêques résidentiels. Ainsi, quand j'ai créé, en 1982, le conseil de la Culture, j'ai pu y faire nommer le cardinal Jean-Marie Lustiger, archevêque de Paris, le cardinal Hyacinthe Thiandoum, archevêque de Dakar, le cardinal Francis George, archevêque de Chicago, et ainsi de suite.

Giancarlo Zizola : Avec le pontificat de Jean-Paul II, on en vient à une politique moins critique envers le pouvoir de la curie romaine. Celle-ci se renforce considérablement sous Jean-Paul II : plus le pape se fait cosmopolite, voyage dans le monde en pensant ainsi mettre en œuvre l'utopie d'une Église décentralisée, plus la curie renforce ses pouvoirs centraux : personne ne se réjouit autant que son noyau dur de voir le pape mener une politique de tourisme apostolique dans le monde…

Philippe Levillain, historien: Il y a toujours eu une vitre opaque entre le pape et ses collaborateurs. C'est un phénomène propre au Saint-Siège. Cette vitre fut rendue encore plus opaque par Pie XII qui déclara: «Je ne veux pas de collaborateurs, je ne veux que des exécutants.» D'ailleurs, après la mort du cardinal-secrétaire d'État Luigi Maglione en 1944 (qui avait d'ailleurs été son concurrent au conclave de 1939), il ne nomma pas de successeur. Ce furent deux éminents collaborateurs de Pie XII lorsque lui-même était secrétaire d'État, NN. SS. Domenico Tardini et Giovanni Battista Montini, qui dirigèrent la secrétairerie en tant que prosecrétaires d'État, le premier aux Affaires internationales, le second aux Affaires ecclésiales. Il fallut attendre Jean XXIII en 1958 pour que soit nommé un nouveau secrétaire d'État – en l'occurrence, Tardini. Montini, lui, devint pape en 1963, sous le nom de Paul VI.

Pour s'imaginer quels peuvent être les rapports entre un pape et son secrétaire d'État, il faut savoir que Mgr Montini, par exemple, se levait quand il était appelé par Pie XII au téléphone. Il y a une photo où on voit Montini debout, le combiné à la main, parce que le pape lui parle. C'est très emblématique.

En retour, forcément, il y a des choses que l'on ne dit pas au pape parce que l'on considère que cela relève du quotidien… C'est une donnée d'Église : il y a des choses qui ne remontent pas vers le pape parce que, aux yeux de ses collaborateurs, il ne convient pas qu'on lui demande de régler des questions de détail ou qu'on le dérange avec des informations qui n'ont pas été absolument vérifiées. Le pape n'est donc pas informé de tout et se retrouve, en fait, relativement isolé. Il est même, dans certains cas comme aujourd'hui, protégé.

Chez Pie XI, cette distance entre le pape et ses plus proches collaborateurs avait pris de très grandes proportions. L'autorité de Pie XI – on l'a découvert en ouvrant les archives – était magistrale. On disait qu'il « dormait avec sa tiare » – façon de dire qu'il n'oubliait jamais, même pendant son sommeil, qu'il était souverain pontife. On a raconté que les audiences *a tabella*, c'est-à-dire les réunions hebdomadaires des cardinaux de tous les dicastères, avaient fini par ressembler à des cours magistraux. Les cardinaux avaient rarement droit à la parole. Ce fut aussi le cas de Pie XII à partir de 1954, quand la maladie commença de l'affaiblir considérablement. Le cardinal Eugène Tisserant, doyen du Sacré-Collège à partir de 1951 et rebelle de nature, considérait que cette soumission était absolument insupportable et le faisait savoir haut et fort... Cet autoritarisme propre à l'Église fait que le successeur de Pierre n'est pas toujours à même d'écouter les remontrances, les doléances, voire les avertissements donnés par ses ministres.

Hubert Wolf, historien : L'ouverture des archives du pontificat de Pie XI au Vatican, en 2006, a permis d'avoir accès à cent mille boîtes d'archives. Parmi celles-ci, on trouve deux séries de documents extrêmement importants. L'une est constituée des notes quotidiennes des entrevues d'Eugenio Pacelli, le futur Pie XII et secrétaire d'État à partir de 1930, avec le pape. Chaque matin, Pacelli rejoint le pape dans son bureau avec une feuille de papier sur laquelle il a inscrit plusieurs points avec des titres et de brèves propositions de décisions. En général, le pape est d'accord avec les propositions de Pacelli, mais dans dix pour cent des cas peut-être, il prend une autre décision. L'autre série concerne les entrevues de Pacelli avec les diplomates accrédités près le Saint-Siège. On peut suivre avec précision leurs discussions. Le plus important dans tout cela, c'est que ces notes prises par Pacelli sont exclusivement destinées à son propre usage : elles lui servent en quelque sorte d'aide-mémoire qui lui rappellent ce que le pape ou tel ou tel diplomate a dit et ce que, par conséquent, il doit faire. Il s'agit donc d'une source très authentique puisque à usage strictement personnel. Nous espérons que ces documents seront prochainement publiés dans un recueil. Jusqu'à présent, les travaux de recherche se rapportaient toujours à la période pendant laquelle Pacelli était Pie XII : la Seconde Guerre mondiale, le silence de l'Église face à l'Holocauste… C'est Paul VI qui, en 1963, a autorisé l'accès aux archives de 1939-1945 pour l'édition des *Actes et Documents du Saint-Siège relatifs à la Seconde Guerre mondiale.* Mais depuis 2003, on a également accès aux sources qui concernent la période précédente, avant

1939. C'est une véritable mine de renseignements pour les historiens.

S. Ém. le cardinal Tauran, secrétaire pour les relations avec les États jusqu'en 2003 : Les premiers nonces apostoliques, au sens moderne d'ambassadeurs du Saint-Siège, apparaissent aux environs de 453, après le concile de Chalcédoine : les premiers représentants pontificaux à l'extérieur de Rome furent en effet les légats du pape, c'est-à-dire ses délégués au concile œcuménique. Cela montre que la représentation pontificale auprès des évêques a d'abord pour but la communion entre les Églises locales et le successeur de Pierre, et qu'elle assure en même temps une présence auprès de l'empereur, auprès du pouvoir civil. Telle est l'articulation fondamentale de la diplomatie pontificale : à la fois un instrument de communion et un outil de « moralisation » de la vie internationale, à travers des concepts fondamentaux tels que la paix, le droit et ce que nous appelons aujourd'hui les droits de l'homme. Personne, d'ailleurs, n'a jamais remis en question cette présence du Saint-Siège sur la scène internationale. Même les Soviétiques, même les Chinois avec lesquels nous n'avons pas, aujourd'hui, de relations diplomatiques, n'ont jamais contesté le fait que le Saint-Siège est un acteur de la vie internationale.

Giancarlo Zizola : Parmi les importants pouvoirs que détient la curie romaine, il y a le pouvoir politique, reliquat des temps où le pape était un monarque temporel. Ce système diplomatique du Saint-Siège est sans cesse mis en cause au sein de l'Église : les questions qu'il pose, les tentations et les ambiguïtés de ce système sont dénoncées depuis longtemps. Le cardinal Michele Pellegrino (1903-1986), archevêque de Turin – une des grandes figures de l'Église après le concile Vatican II –, affirmait que le système diplomatique maintenu bien après le concile était très dangereux pour l'Église parce qu'il reproduisait l'image d'une Église de pouvoir qui voisinait, voire se confondait, avec les autres pouvoirs d'État. Ce système diplomatique qui, après Vatican II, s'est développé au lieu de se réduire et tourne à plein régime, pose un problème de pertinence. Le pouvoir politique aux mains du Saint-Siège est-il compatible avec sa vocation spirituelle ?

II.

Les clés du royaume

Francesco Margiotta-Broglio, politologue : À la fin du XIXe siècle, la place de la religion en Italie est très paradoxale. D'un côté, l'Italie unifiée, qui naît graduellement au cours de ce siècle, est une unité politique avant d'être une unité culturelle, et cette unité politique se construit contre le pape, puisqu'elle suppose qu'on lui confisque son territoire (les États pontificaux) en 1861 et jusqu'à « sa » ville de Rome (en 1870). De là naît la Question romaine qui va envenimer pendant soixante ans les rapports du Saint-Siège avec l'Italie, et plus largement avec les autres États européens. Les gouvernements italiens tentent toujours d'isoler le Saint-Siège, non seulement dans la ville de Rome (où le pape se considère ainsi « prisonnier »), mais aussi en le maintenant à l'écart de la politique internationale : on craint que la papauté ne soit instrumentalisée par d'autres puissances pour s'ingérer dans la politique italienne[1].

1. En effet, à cette époque, certains pays catholiques comme la France, l'Autriche-Hongrie et l'Espagne restaient des puissances tutélaires de la papauté ; ces pays possédaient même, par exemple, un droit d'exclusive ou de veto pour l'élection du pape. Ainsi, le 4 août 1903, Giuseppe Sarto était élu pape sous le nom

Mais d'un autre côté, le seul véritable facteur d'unité culturelle de cette Italie nouvelle, c'est bien la religion. Les Siciliens, les Florentins et les Vénitiens parlent des dialectes très différents, mais tous prient en latin. Les prières, les rites catholiques sont un élément fort d'unité du pays.

Le pape peut-il alors réagir ?

Il essaie... mais personne ne l'écoute. Dès que Rome est occupée en septembre 1870, Pie IX écrit à toutes les chancelleries de l'Europe catholique dans l'espoir que ces puissances réagissent d'une manière ou d'une autre. Mais personne ne bouge : au cours des dernières décennies se sont instaurés de nouveaux rapports internationaux dans lesquels le pape ne joue plus aucun rôle.

Pie IX demande alors aux catholiques italiens de s'abstenir de participer à la vie politique nationale : c'est le fameux *non expedit* – « ni élu, ni électeur ». Cela n'inclut cependant pas les élections municipales, dans la mesure où la possibilité de dispenser un enseignement religieux dans les écoles publiques est laissée à l'appréciation des communes : dans ces conditions, la présence de catholiques au sein des conseils munici-

---

de Pie X, grâce, notamment, au veto que l'empereur d'Autriche François-Joseph avait mis à l'élection du cardinal sicilien Mariano Rampolla del Tindaro.

paux permet de sauvegarder l'enseignement religieux... Les choses commencent à bouger sous Giovanni Giolitti, cinq fois président du Conseil entre 1892 et 1921, quand le Parti libéral (droite modérée) commence à compter des catholiques dans ses rangs. Dès 1904, Pie X autorise les catholiques à voter dans les régions où le Parti socialiste – perçu comme la pire des menaces – semble en mesure de l'emporter. Cela débouche en 1913 sur le « pacte Gentiloni » : l'Action catholique, le principal mouvement catholique du temps où l'Église ne dispose d'aucun réel débouché politique (on retrouvera la même situation sous Mussolini), s'engage à faire voter pour les candidats de Giolitti en échange de la garantie que ces élus défendront les valeurs catholiques : enseignement religieux, interdiction du divorce... Parmi ces candidats, on compte des catholiques désignés par les autorités ecclésiastiques.

Philippe Levillain, historien : Il faut savoir qu'à cette époque, les catholiques italiens eux-mêmes ne forment pas un bloc politique homogène par rapport à la Question romaine : il y a certes des *papalini*, qui sont favorables au pape, mais il y a aussi les *antipapalini*, qui considèrent que la prise de Rome était indispensable pour parachever l'unification italienne et qu'il faut contrôler le pouvoir de Rome dans la politique italienne. Tout n'est donc pas si simple.

Philippe Chenaux, historien : La fin de la Première Guerre mondiale voit la réintégration des catholiques italiens dans la vie politique nationale. C'est un phénomène que l'on constate aussi dans d'autres pays. On peut dire que les conséquences de la Première Guerre mondiale ne sont pas toutes négatives pour l'Église et le catholicisme, notamment du point de vue de l'influence politique de l'Église en Europe occidentale, puisque la guerre a permis aux catholiques de manifester leur solidarité avec les soldats et de participer à l'unité nationale. On assiste, dans certains pays comme la France, à une surenchère en termes d'engagement pour défendre la patrie : c'est « l'Union sacrée », qui permet aux catholiques de retrouver toute leur place dans la vie de la nation après le traumatisme de la loi de séparation de décembre 1905. Au demeurant, en Italie, comme en France ou en Allemagne, cette adhésion au discours patriotique met les catholiques en porte-à-faux avec les orientations du pape Benoît XV, puisque ce dernier n'a de cesse d'appeler à la fin des hostilités.

Tout cela prépare la création du premier parti d'inspiration catholique, le Parti populaire italien (PPI). Son fondateur, le prêtre sicilien Luigi Sturzo, refusera toujours l'étiquette confessionnelle : c'est pourquoi le parti se dit « populaire » et pas « catholique » ni même « chrétien ». Sturzo ne veut pas d'un parti soumis à la hiérarchie de l'Église, ce qui lui vaut d'ailleurs des tensions avec le Vatican. Le PPI se dit néanmoins très clairement d'inspiration chrétienne et, comme tel, il remporte un beau succès lors des premières élections législatives d'après-guerre puisqu'il devient le deuxième parti italien. Il joue à fond le jeu des élections et se veut aussi un parti *démocratique*, ce qui le situera très vite, et doublement, dans l'opposition au fascisme, qui est non seulement un mouvement anti-démocratique mais aussi très anticlérical.

Fondé par Mussolini en 1917, le mouvement fasciste gagne en influence à travers son combat contre le socialisme : les Chemises noires s'imposent comme briseurs de grèves. Élu député en mai 1921, Mussolini transforme, l'hiver suivant, son mouvement en Parti national fasciste qui compte sept cent mille membres en juillet 1922. Contrôlant déjà en grande partie la plaine du Pô, les milices fascistes lancent, en octobre 1922, la « marche sur Rome » et Mussolini est alors nommé président du Conseil. Respectueux, en apparence, des formes démocratiques dans les premières années, Mussolini va peu à peu construire un régime brutal et autoritaire.

Philippe Levillain : L'arrivée des fascistes au pouvoir prend le Saint-Siège de court et celui-ci met du temps à définir sa position. Malgré ses réticences, il a, au début, le sentiment qu'à travers l'itinéraire singulier de Mussolini – socialiste militant d'avant-guerre devenu héraut de cette synthèse étrange de révolution et de conservatisme qu'on appelle le fascisme –, la nation italienne a en quelque sorte trouvé l'unité qu'elle cherchait depuis près d'un siècle, mais il sait qu'il faudra s'affirmer face à Mussolini, d'où les accords du Latran en 1929. L'illusion sera courte.

Pie XI déclare dans ces premières années : « L'athéisme étant fatal aux nations, [Mussolini] a compris que le salut pour elles était dans le retour à Dieu [...]. Le premier, il a vu clair dans le chaos mondial... » Que veut-il dire par là ? Pense-t-il vraiment que le fascisme est le sauveur de l'Europe chrétienne ?

Il est vrai que ces paroles sont pour le moins surprenantes et demandent à être décodées. En fait, Pie XI veut dire que Mussolini, c'est l'antéchrist. L'antéchrist est, par définition, celui qui vit dans l'ambiguïté, la Bête qui impose son culte de la personnalité, parodie de la vraie religion, avant la Révélation. Pour le pape, cette ambiguïté est précisément l'occasion théologique et historique de réaffirmer le catholicisme dans toute son ampleur, son histoire, sa tradition, ses dogmes au sein d'un monde chaotique où le matérialisme, le paganisme, l'athéisme dominent. Autrement dit, la modernité a donné naissance à une civilisation matérialiste et païenne (ce qui, d'ailleurs, est moins vrai en Italie que cela ne le sera en Allemagne, notamment chez les SS) que le Saint-Siège a pour mission divine de ramener à Dieu – et Mussolini, aux yeux du pape, n'est dans ce plan divin qu'un instrument qui n'a pas lui-même conscience de son véritable rôle.

Il s'agit donc du chaos général des valeurs humaines ?

Exactement. La redistribution géopolitique du monde au sortir de la guerre de 1914-1918 ne concerne à l'époque que l'Europe mais a quand même des effets considérables. Ce qui touche particulièrement le Saint-Siège, c'est d'une part la dissolution et la chute de l'empire austro-hongrois, ce grand État catholique où coexistaient paisiblement plusieurs nationalités, et d'autre part la redistribution de certains territoires de l'Italie du Nord, en particulier tout ce qui est autour de Trieste : l'Italie récupère le Tyrol du Sud mais doit céder la ville de Fiume à la Croatie, ce qui provoque une sécession nationaliste de cette ville sous la houlette de Gabriele D'Annunzio – « le Jean Baptiste du fascisme », selon le mot de Mussolini. S'ajoute à cela, bien sûr, la formidable montée en puissance du socialisme révolutionnaire en Allemagne, en Italie, en Espagne... Au fond, les États-nations ont engendré un nationalisme qui se retourne contre eux, à la fois sous la forme d'un ultranationalisme antiétatique et sous la forme d'une Internationale communiste.

Pie XI est fondamentalement anticommuniste. Outre que c'est un érudit qui connaît bien l'histoire des civilisations, en particulier le monde slave, il a été nonce à Varsovie quand la ville fut assiégée par les Soviétiques en 1920. Contrairement à ce que l'on a pu dire, Pie XII était moins anticommuniste que Pie XI. C'est ce dernier qui est véritablement à l'origine de la condamnation du communisme, notamment par l'encyclique *Divini Redemptoris.* Pour tous deux, la victoire du communisme signifierait la disparition de l'Église. Les archives antérieures à 1939, récemment ouvertes, montrent clairement que Pie XII et surtout Pie XI ont le sentiment que la Chrétienté est menacée de mort définitive : l'urgence est de la sauvegarder, ce qui explique certains éléments très importants de la politique de Pie XII entre 1940 et 1945, et même après. La lutte contre le communisme leur paraît prioritaire. Le nazisme relève, lui, d'une autre problématique.

Après la réforme électorale qui instaure le scrutin majoritaire en 1924 et renforce encore la position de Mussolini, puis l'assassinat du socialiste Matteotti qui avait dénoncé les fraudes électorales, le Parti socialiste et une partie du Parti populaire « se replient sur l'Aventin » : ils boycottent l'Assemblée afin de contraindre le roi Victor-Emmanuel III à démettre Mussolini de son poste de président du Conseil. Mais la manœuvre se retourne contre eux : sans l'appui de ses députés, le camp démocrate échoue à faire voter la motion de défiance contre Mussolini, et ce dernier fait interdire le parti socialiste et le parti populaire en 1925. C'est le début de la dictature fasciste.

Philippe Levillain : Mussolini, lui, se rend bien compte qu'il lui faut composer avec les catholiques, non seulement avant 1924, vu la puissance du Parti populaire, mais aussi après 1925. La seule opposition qui tienne encore consiste alors en la Fédération universitaire catholique italienne (FUCI) dont Giovanni Battista Montini, le futur Paul VI, est alors l'aumônier, et autour de laquelle gravite tout un monde intellectuel bruissant de revues, d'articles, de polémiques destinés à alimenter la modernité intellectuelle et spirituelle du catholicisme contemporain.

Francesco Margiotta-Broglio : De plus, lors de la crise parlementaire de 1924, Mussolini – coincé entre l'Aventin et l'aile radicale de son propre parti qui le trouve trop « mou » –, pour sauver sa peau, s'appuie sur les grandes puissances : les banques, l'armée, l'Église.

En effet, en 1924, après l'affaire Matteotti, l'Aventin, c'est-à-dire les socialistes et une fraction du parti populaire, tente de former un gouvernement qu'on qualifierait aujourd'hui de centre gauche. Mais le Saint-Siège, qui refuse toute alliance avec les socialistes, émet un communiqué disant qu'il ne considère pas ce gouvernement comme légitime. Ce qui, indirectement, donne un coup de main à Mussolini... Ce faisant, le pape sacrifie le parti populaire. Luigi Sturzo, devenu *persona non grata* pour Mussolini, est poussé à l'exil par le Saint-Siège en 1924 (il ne reviendra qu'en 1946). Il faut bien reconnaître qu'à cette époque, le consensus en faveur de Mussolini et du fascisme était très général en Italie. L'antifascisme était l'affaire d'une minorité intellectuelle ou encore d'exilés – en France ou ailleurs.

Toujours est-il qu'après janvier 1925, Mussolini doit « renvoyer l'ascenseur » à l'armée, aux banques et... à l'Église. C'est à ce moment-là que commencent les négociations qui vont aboutir aux accords du Latran.

Père Peter Gumpel, s.j. : Sous Benoît XV déjà, pape de 1914 à 1922, avait commencé ce qu'on a appelé une « réconciliation officieuse » entre le Saint-Siège et l'État italien. Benoît XV, né à Gênes en 1854, avait pour ami d'enfance le baron Carlo Monti, directeur général du Fonds pour le culte, l'organisme d'État chargé des relations avec l'Église. Et entre eux deux, d'une façon naturellement discrète, ils avaient projeté d'arriver à une réconciliation entre l'État et le Saint-Siège. Les négociations avaient été suspendues à la mort de Benoît XV, mais l'idée était toujours dans l'air. Les Italiens étaient en grande majorité des catholiques pratiquants. Pour eux, il était très désagréable d'être divisés entre leur foi et leur amour pour la patrie. Mussolini, qui était au début hostile à l'Église, a vite compris le double avantage qu'il avait à conclure une paix avec le Vatican : réconcilier les Italiens avec eux-mêmes et s'assurer une bonne réputation auprès des dirigeants mondiaux.

Francesco Margiotta-Broglio : D'où l'idée (qui convient à Mussolini) d'un concordat, les fameux accords du Latran du 11 février 1929, qui comportent trois volets. Premièrement, la fin de la Question romaine : on accorde au Saint-Siège un État à l'intérieur de Rome, l'État du Vatican. C'est un État croupion de quarante-quatre hectares, beaucoup plus restreint que ce qu'exigeait encore Pie IX en 1870, mais c'est un

État de droit international : s'il ne dispose pas d'accès à la mer, il jouit d'un véritable espace aérien, d'une totale liberté de correspondance et surtout d'un régime d'extraterritorialité qui lui permettra notamment, pendant la Seconde Guerre mondiale, d'accueillir beaucoup de réfugiés, à commencer par des Juifs.

Deuxièmement, l'État s'engage à verser beaucoup d'argent au Saint-Siège, essentiellement à travers le système du « denier de Saint-Pierre ». Il s'agit d'une offrande faite annuellement, le 29 juin, fête de saint Pierre, dans toutes les églises catholiques et qui consiste, selon la définition de la secrétairerie d'État, en une « aide économique que les fidèles apportent au Saint-Père en signe de participation à la sollicitude du successeur de Pierre pour les nombreux besoins de l'Église universelle ». Déjà, une loi de 1871 attribuait chaque année une somme au Vatican pour l'occupation de Rome, à laquelle elle ajoutait un salaire annuel de 3 250 000 lires dû au pape afin d'indemniser la perte des États pontificaux ; mais le Vatican n'avait jamais voulu recevoir ces sommes, parce qu'il aurait ainsi reconnu la légitimité du royaume d'Italie. En 1929, le gouvernement verse une somme globale comme solde de tout compte. En échange, le Vatican s'engage à investir dans l'industrie italienne. Pour gérer cet argent, en complément de l'Administration du patrimoine du siège apostolique qui gère déjà les finances du Saint-Siège depuis 1870, est créée l'Administration spéciale du Saint-Siège, qui gère ces nouveaux fonds. Pour diriger celle-ci, le pape fait appel à un ami de sa famille, Bernardino Nogara, alors vice-président de la plus grande banque privée d'Italie, la Banca Commerciale Italiana. Ce banquier fera la fortune du Vatican. L'État italien s'engage en outre à assurer le traitement du personnel ecclésiastique et l'entretien et la construction des bâtiments de culte.

Troisième volet des accords, le Vatican peut de nouveau devenir un acteur à part entière de la politique internationale – mais il s'engage à la plus parfaite neutralité.

Philippe Chenaux : Le projet de Mussolini n'est pas de redonner du pouvoir au Vatican, mais de le contrôler. Il pense se servir du poids mondial de la religion catholique, du Vatican, pour la politique étrangère de l'Italie fasciste. L'enjeu, pour le Vatican, est d'abord de redevenir une personne juridique internationale. Et il y parvient : le nombre des représentants officiels du Saint-Siège à l'étranger et celui des ambassadeurs auprès du Saint-Siège, qui étaient très réduits après 1870, recommence à augmenter après 1929. Le Vatican reprend une position forte dans la vie internationale, ce qui l'aide beaucoup dans sa politique strictement religieuse. Il est intéressant de noter que dix ans plus tard, la première chose que Pie XII fera après son élection sera de renouer des relations avec les États-Unis, ce que Pie XI n'avait pas fait. Il ne s'agit toutefois pas de relations diplomatiques avec échange de diplomates ayant rang d'ambassadeur ; il faudra pour cela attendre le pontificat de Jean-Paul II. En revanche, le Vatican est tenu à une neutralité absolue en cas de conflit, qui le paralyse parfois. Tout concordat est un accord donnant

donnant dans lequel il y a beaucoup à gagner mais aussi beaucoup à perdre. Le gouvernement peut ainsi demander qu'un évêque ou qu'un curé soit renvoyé pour des raisons politiques.

Francesco Margiotta-Broglio : Ces accords prévoient, il faut aussi le noter, que tous les syndicats catholiques soient dissous et absorbés par les syndicats fascistes. Cependant, le Vatican obtient une chose très importante : la liberté d'association. Sous un régime autoritaire, la liberté d'association est une réelle exception. Sous Mussolini, à partir de 1925, il ne peut plus y avoir ni partis politiques, ni associations politiques, ni associations culturelles hors les organisations du parti unique. Seul le Saint-Siège, grâce au concordat, obtient de garder l'Action catholique. Or tous les leaders politiques de la démocratie chrétienne d'après-guerre se seront formés dans l'Action catholique pendant la période fasciste : comme un grand frigidaire dans lequel on aurait mis les gens de valeur en réserve pour des lendemains plus heureux. Le Vatican joue toujours sur la longue durée…

Le pape s'imaginait que la paix avec l'Italie allait favoriser une nette reprise du sentiment religieux, que les accords du Latran « redonnaient l'Italie à Dieu et Dieu à l'Italie ». Cela n'a pas été le cas : les statistiques de la pratique religieuse continuèrent de baisser. En fait, la sécularisation était déjà en marche.

Philippe Levillain : Il est remarquable que ces accords soient signés non pas par Pie XI, mais par le secrétaire d'État Pietro Gasparri (Pacelli, le futur

Pie XII, lui succédera à ce poste en 1930). Pie XI ne peut pas signer lui-même en tant que Vicaire du Christ : c'est la séparation du temporel et du spirituel.

Au fil des années, le Vatican redevient une puissance que l'on peut dire « temporelle » dans la mesure où Pie XI lance une politique de grands travaux à l'intérieur de la cité du Vatican, notamment en construisant une gare, un gouvernatorat, en engageant des réfections, en négociant pour mettre en place l'aéropostale, etc. Pie XI est un bâtisseur.

La désillusion est très rapide. Dès 1931, Mussolini revient à une politique, non pas de persécution de l'Église, mais tout de même très anticléricale. Elle va de pair avec son goût du matérialisme, d'un certain paganisme, de l'exaltation de la grandeur héroïque, laquelle n'est pas compatible avec l'humilité chrétienne et le rôle que veut jouer le pape. Or Mussolini a en face de lui Pie XI, un pape extrêmement autoritaire qui entend imposer la romanité, c'est-à-dire le gouvernement central de l'Église, à l'ensemble des catholiques d'Europe et du monde face au pouvoir d'un fascisme proprement italien dont Hitler s'est inspiré.

On se rend compte alors que le concordat est – au-delà du gain d'un État et des avantages financiers – une illusion pour le Vatican, dans la mesure où il ne garantit pas réellement la protection des catholiques. Assez rapidement, Pie XI suggère au secrétaire d'État Gasparri, puis à Pacelli qui lui succède, de rompre le concordat. Mais cette rupture n'aura pas lieu : le cardinal Pacelli s'y oppose, arguant que le maintien de l'équilibre entre l'État fasciste et l'Église romaine, ce qu'on appellera un clérico-fascisme, permettra d'obtenir de Mussolini des concessions dans sa marche vers l'autoritarisme et de tempérer le fascisme. Le pape publiera cependant, le 29 juin 1931, une encyclique, *Non abbiamo bisogno* (« Nous n'avons pas besoin... »), protestant contre la dissolution de l'Action catholique et dénonçant le fascisme comme anticatholique.

Francesco Margiotta-Broglio : La crise commencera avec la mise en place, en 1938 en Italie, des lois raciales contre les Juifs. C'est seulement alors que le Vatican commence véritablement à s'inquiéter pour l'avenir immédiat, en même temps que l'opinion publique. Au soir de cette histoire dramatique, on ne sait pas bien quelle a été l'attitude du Vatican au moment de l'arrestation de Mussolini en juillet 1943, sur ordre du roi. On n'a jamais précisément su s'il était dans les coulisses. Il était informé, c'est bien clair, mais a-t-il agi ? Le Vatican se fit très discret lors du référendum de juin 1946 sur le maintien de la monarchie ou la proclamation de la République. Il ne voulait pas donner l'idée qu'il était plutôt d'un côté que de l'autre. Mais je crois qu'il n'était pas tellement mécontent du départ du roi... À Rome, il y avait un roi de trop entre le roi d'Italie, qui résidait au palais du Quirinal, et le pape, qui résidait au Vatican. Et ces deux rois n'avaient pas un grand amour l'un pour l'autre, notamment parce que les chefs d'État étrangers devaient toujours choisir, quand ils passaient à Rome, entre rendre visite d'abord à l'un ou à l'autre... Je crois que le pape n'était pas mécontent de l'avènement de la République.

III.

Au cœur des ténèbres

1917 : la Première Guerre mondiale dure depuis déjà trois ans. Le pape Pie X est mort en août 1914, du chagrin, dit-on, enduré par le déclenchement des hostilités. Benoît XV lui a succédé. Le cardinal Gasparri, secrétaire d'État, déclare à un diplomate français : « Ce siècle a l'air d'exiger de la papauté d'aujourd'hui ce qu'il reprochait à la papauté d'autrefois. Il voudrait que le pontife actuel se jetât au milieu des peuples en armes, les foudres à la main[...]. Il nous faudrait condamner tour à tour, à grand bruit, tous les peuples, toutes les classes sociales... »

Père Peter Gumpel, s.j. : Depuis le début de la guerre, de nombreux États s'opposent à toute intervention du souverain pontife. Les Anglais, en particulier, ont de très bonnes raisons de vouloir écarter le pape. L'Italie n'entre en effet en guerre qu'à des conditions bien précises, garanties par un accord signé à Londres en avril 1915 : notamment, que les futurs armistices n'aborderont pas la Question romaine et que le pape sera tenu à l'écart de toute intervention pour la paix et de tout traité de paix. Ce traité secret, conclu par des libéraux, des francs-maçons farouchement opposés à l'Église, ne fut rendu public qu'en 1917, par la presse bolchevique russe.

Hubert Wolf, historien : À Rome même, un grave conflit oppose le pape Benoît XV à son secrétaire d'État Pietro Gasparri quant à savoir si le Saint-Siège doit tenter une initiative de paix, et si cette action est compatible avec les principes de la papauté. Gasparri parvient à convaincre le pape qu'il doit observer une stricte neutralité. Les catholiques, argue-t-il, sont présents sur tous les fronts : en France, en Autriche, en Allemagne, en Italie… Si le pape propose une initiative de paix, les Français vont dire qu'il est du côté des Allemands, que ses propositions sont trop favorables aux Allemands ; et les Allemands vont dire qu'au contraire, elles sont trop favorables à la France et à la Belgique… Gasparri déclare alors qu'il n'y aura pas d'initiative de paix et décide de ne pas nommer Pacelli (le futur Pie XII) à la nonciature allemande, bien qu'il soit le mieux placé en tant que secrétaire de la congrégation pour les Affaires ecclésiastiques extraordinaires, soit la division proprement internationale de la secrétairerie d'État. À sa place, il envoie Giuseppe Aversa, alors nonce au Brésil. Aversa arrive donc en Allemagne, y reste trois mois… et meurt d'une appendicite foudroyante. Le pape saisit cette occasion pour imposer son choix à Gasparri. Pour lui, il n'est plus possible de rester les bras croisés devant le spectacle de cette terrible guerre alors que, sur le front ouest, on commence à utiliser des gaz.

Nommé nonce apostolique en Allemagne le 23 avril 1917, Pacelli est donc une sorte de second choix, au moins pour Gasparri. C'est Benoît XV qui décide de l'envoyer en Allemagne pour proposer à l'empire un plan de paix.

Père Peter Gumpel, s.j. : Pacelli est nommé nonce apostolique à Munich, c'est-à-dire auprès du royaume de Bavière, qui fait alors partie de l'Empire allemand. La nonciature n'est pas à Berlin, capitale du Reich, l'empereur Guillaume II ne voulant pas avoir un diplomate du Saint-Siège à sa cour. Pacelli a donc, outre la mission d'informer le Vatican sur la situation générale qui est encore, à ce moment-là, favorable à l'Allemagne un double objectif : d'une part établir de pleins rapports diplomatiques entre l'Allemagne et le Saint-Siège, d'autre part promouvoir le projet de paix du pape et en expliquer le sens aux autorités allemandes. Il a instruction de prendre contact avec le gouvernement, ce qu'il fait en rencontrant le chancelier Theobald von Bethmann-Hollweg dès le 29 mai 1917, puis l'empereur lui-même à son quartier général de Kreuznach.

Huber Wolf : Pacelli doit d'abord déterminer si les deux empires, allemand et austro-hongrois, sont susceptibles de se montrer réceptifs à une telle initiative. Il prend d'abord ses renseignements auprès de Matthias Erzberger, député du Zentrum, le grand parti catholique centriste d'Allemagne. Erzberger lui-même s'est déjà prononcé en faveur d'une proclamation de paix au Reichstag – c'est d'ailleurs lui qui, le 11 novembre 1918, signera l'armistice. Mais sa position pacifiste rend son appréciation beaucoup trop optimiste. Il ne connaît pas suffisamment bien la position des généraux Hindenburg et Ludendorff, l'espèce de duumvirat qui dirige l'effort de guerre allemand. Il est évident que l'initiative de paix ne fonctionnera pas parce que l'Allemagne n'est pas prête à faire des concessions sur le point le plus important : la restitution de la Belgique sans condition.

Philippe Levillain : Le plan de paix est d'une neutralité absolue : il demande l'arrêt des hostilités et des négociations entre les adversaires. Il laisse d'ailleurs de côté la question de la restitution des provinces perdues pour lesquelles on pense qu'un dialogue franco-allemand peut s'instaurer.

Père Peter Gumpel, s.j. : Une fois que les Allemands auraient accepté secrètement le plan de paix, il est prévu que le pape le propose au monde entier sous la forme d'une encyclique, c'est-à-dire d'un appel public. Un appel identique avait été déjà lancé le 18 décembre 1916 par le président des États-Unis, Woodrow Wilson – une proposition somme toute très raisonnable, mais qui comportait des concessions qu'aucun des deux camps, encore sûr de sa victoire, n'estimait acceptable. Wilson suggérait notamment que les colonies allemandes occupées par les Alliés fussent restituées à l'Allemagne, tandis que celle-ci se retirerait de Belgique et verserait des réparations économiques.

Bethmann-Hollweg, quand il reçoit Pacelli le 29 mai, l'assure que l'Allemagne sera cette fois-ci favorable à la proposition du souverain pontife ; cependant, il ne parle pour l'instant qu'en son nom propre et ne peut s'engager au nom du gouvernement, ni au nom de l'empereur et encore moins des militaires. Pacelli est alors convaincu que les choses vont dans la bonne direction mais en juillet Bethmann-Hollweg est contraint à la démission, et on fait savoir au nonce que les discussions concernant son plan de paix sont reportées au mois de septembre – autrement dit, qu'on ne compte pas y donner suite.

Cette déconvenue a sans doute eu des conséquences personnelles sur l'attitude de Pacelli. Il en a conclu qu'il était très difficile de se fier aux personnalités politiques. Lui qui était déjà sceptique par nature – ni optimiste ni pessimiste, mais très réaliste – en a tiré la leçon d'être à l'avenir plus prudent dans ses négociations avec des officiels, lesquels ont souvent moins de pouvoir qu'ils le prétendent.

Philippe Levillain : Le pape, en désespoir de cause, publie tout de même son plan le 1er août 1917. Paradoxalement, ce plan de paix proposé par le Saint-Siège fait du pape l'allié objectif des nations antipapistes sur le principe : le Royaume-Uni anglican, la France anticléricale et, espère-t-il, la Russie orthodoxe. À l'inverse, c'est l'Empire austro-hongrois, à l'époque le plus grand pays catholique du monde, qui devrait en théorie être l'interlocuteur privilégié du Saint-Siège. Ce choix inouï rencontre beaucoup d'opposition au sein même de l'épiscopat : Mgr Mercier, archevêque de Malines et primat de Belgique, est hostile au plan de paix alors que son pays est la première victime de la guerre ; le cardinal Amet, jeune archevêque de Paris, est, lui aussi, contre. Autrement dit, chez les évêques, le nationalisme l'emporte donc sur la fidélité au pape. Les Allemands traitent Benoît XV de pro-français et les Français le traitent de « pape boche », alors que ce qu'il propose est fondé sur une volonté de neutralité absolue, seule base possible d'une médiation pour la paix, qui sera d'ailleurs le fil conducteur de l'ensemble des pontificats du XXe siècle, jusqu'à la mort de Jean-Paul II.

Le vrai problème est que l'équilibre qui est proposé est perçu comme un simple retour à la situation *ante bellum*. Or, la mi-1917 est sans doute le pire moment pour une telle proposition : les Russes sont toujours en guerre, les États-Unis, qui viennent juste d'y entrer, n'ont pas encore participé au moindre combat, et on est au lendemain de la tristement célèbre offensive du chemin des Dames. Et puis, tout le monde est bien conscient, Benoît XV le premier, que la Question romaine est présente en filigrane dans l'initiative pontificale : si la conférence de paix donne lieu à un arbitrage international, la Question romaine ne se jouera plus seulement entre le royaume d'Italie et le Saint-Siège, mais sera au menu des discussions de toute l'Europe. Toute l'ambiguïté du plan de paix tient en ce qu'il est à la fois l'expression d'une volonté « pure » d'épargner le sang et irrémédiablement suspect d'arrière-pensées. Au final, le représentant du pape au traité de Versailles, Mgr Ceretti, participera aux conférences sans voix délibérative. Il tentera bien de faire du lobbying, mais sans aucun succès.

En tout cas, la Première Guerre mondiale marque une rupture majeure dans la vision géopolitique du Saint-Siège. Le monde, en outre, a radicalement changé, en particulier les nations catholiques : l'Autriche-Hongrie est littéralement dépecée ; la Pologne fait plus que jamais l'objet d'appétits voraces de la part de la Russie comme, à moyen terme, de l'Allemagne ; l'Ukraine, où l'Église gréco-catholique est uniate (c'est-à-dire unie à Rome mais ayant préservé son rite oriental), est maintenant une République soviétique...

Philippe Chenaux : À partir de Benoît XV à tout le moins, le Saint-Siège se refuse à entrer dans les détails des questions politiques et entend se contenter d'indiquer les grands principes qui doivent présider à la reconstruction de l'Europe. C'est ce que fera Pie XII dans ses fameux radiomessages de Noël durant la Seconde Guerre mondiale. Dans l'encyclique de mai 1920, *Pacem, Dei munus pulcherrimum*, Benoît XV insiste beaucoup sur l'idée que la charité, la grande valeur chrétienne, ne s'applique pas seulement aux relations entre les individus mais doit aussi gouverner les relations entre les peuples et qu'elle débouche concrètement sur l'idée de réconciliation, de pardon. Pour Benoît XV, cette idée de réconciliation devrait être à la base de la nouvelle Europe qui se construit et aurait dû inspirer une paix évidemment très différente de celle qui a été effectivement conclue et imposée à l'Allemagne.

Dans cette vision pontificale de la nouvelle Europe, il s'agit également de prendre en compte les « justes aspirations des peuples », comme le dit la note de paix d'août 1917, à disposer d'eux-mêmes et à se constituer en États nationaux – ce qui, jusqu'alors, était loin d'être évident pour le Saint-Siège. En effet, l'unité italienne s'était faite au détriment des États pontificaux et l'Allemagne d'avant-guerre, elle aussi, avait construit son identité nationale sur le rejet du catholicisme et de l'Église – c'est le *Kulturkampf* de Bismarck entre 1871 et 1878. Le réalisme de la politique vaticane entend cependant ne pas rester attaché à de vieux principes mais tenter de défendre au mieux les intérêts de l'Église en tenant compte des nouvelles réalités de la politique internationale.

Benoît XV a très clairement compris qu'avec la Première Guerre mondiale, l'Europe est en train de perdre son influence dominante dans les affaires du monde – il parle du « suicide de l'Europe civilisée » – et que l'Église a tout intérêt à ne plus lier son sort à celui des puissances coloniales. Cette prise de conscience provoque un tournant stratégique dans la politique missionnaire du Vatican. L'encyclique *Maximum illud,* en 1919, insiste très clairement sur la nécessité de créer des Églises autonomes dans les pays de mission et sur la formation d'un clergé indigène, notamment en Chine.

Francesco Margiotta-Broglio : Benoît XV se montre très favorable à la création de la Société des Nations ; Pie XI sera beaucoup plus réservé à son égard, tout comme Pie XII le sera plus tard à l'égard des Nations unies dont la plupart des pays membres ne sont pas catholiques.

IV.

L'enjeu allemand

Sur les ruines de l'Empire allemand démantelé par le traité de Versailles, l'Allemagne sombre dans la révolution. Avant l'émergence de la fragile République de Weimar en 1919, milices d'extrême droite et groupuscules d'extrême gauche s'affrontent. Dès avant l'armistice, les révoltes de marins, rejoignant les ouvriers réunis en conseils populaires, puis la proclamation de la République libre de Bavière le 7 novembre 1918, le jour anniversaire de la révolution bolchevique d'Octobre en Russie, précipitent la chute de l'empereur. En janvier 1919, la capitale, Berlin, voit le soulèvement de la révolte spartakiste et, le 6 avril 1919, la République de Bavière devient, pour un mois, la République des conseils (ou des soviets) de Bavière. Ces tentatives révolutionnaires sont réprimées dans le sang par le gouvernement provisoire social-démocrate qui recourt à la force des corps francs d'extrême droite.

Philippe Levillain : Au lendemain de la Première Guerre mondiale, l'Allemagne, au sein de laquelle les catholiques représentent moins d'un tiers de la population, fait l'objet de grandes attentions de la part du Saint-Siège. Elle représente en effet à ses yeux le pivot de l'équilibre catholique en Europe, puisqu'elle est le point d'articulation entre l'Europe de l'Ouest, du Nord et du Sud, d'une part, et l'Europe orientale de l'autre ; or celle-ci fait l'objet des appétits voraces de la Russie bolchevique… C'est pour cela que Pacelli avait été nommé nonce à Munich dès 1917, avant de rejoindre Berlin en 1920. C'est un Romain qui dispose d'une culture extrêmement forte : il est non seulement germanophile, mais francophile et anglophile, parle plusieurs langues et a beaucoup voyagé. C'est pour ces mêmes raisons qu'il succédera en 1930 au cardinal Gasparri à la tête de la secrétairerie d'État : on cherche à créer un pont avec l'Allemagne après la chute de la monarchie catholique d'Autriche-Hongrie, et surtout à faire rempart contre le bolchevisme. Pour Pie XI, devenu pape en 1922, le communisme est le danger le plus pressant.

Hubert Wolf : Ce qui me frappe, dans le personnage germanophile de Pacelli, c'est son enthousiasme pour la technologie allemande. Quand il est envoyé en Allemagne comme nonce, il se voit attribuer une voiture : pas une Citroën, mais une Daimler, une Mercedes-Benz. Une voiture équipée d'un démarreur automatique, d'un allume-cigare électrique, d'un clinomètre, avec un intérieur cuir… Il peut même choisir la couleur ! Il écrit au cardinal secrétaire d'État Gasparri : « C'est une voiture qui convient parfaitement au représentant du représentant de Jésus-Christ sur terre. » Il est tellement heureux d'avoir cette voiture qu'on pourrait presque dire que, si plus tard il hait tant la République des Soviets de Munich, c'est parce qu'elle abîme sa belle voiture...

La lecture des archives de cette époque montre qu'il a bien conscience de sa propre valeur, mais révèle aussi son enthousiasme pour les qualités allemandes comme la compétence, la ponctualité, l'ordre : « Quand les catholiques allemands vont à l'église, écrit-il, tout se passe de façon très ordonnée. Ils se lèvent tous en même temps, ils ne parlent pas, ils ne se déplacent pas, puis ils se rassoient. » En Italie, c'est très différent. Pendant la messe, c'est le chaos total sauf pendant la consécration, où les gens ne bougent pas durant deux minutes. Je crois que son expérience en Allemagne a fortement influencé Pacelli et a contribué au développement de sa personnalité.

L'Allemagne d'après-guerre est, dans ses rapports avec le Saint-Siège, l'héritière d'une histoire très conflictuelle, celle du *Kulturkampf*, la « guerre culturelle » menée contre le catholicisme à partir de 1871 par le nouveau Reich de Bismarck, à majorité protestante. L'Église catholique venait alors de proclamer officiellement le dogme de l'infaillibilité pontificale, au cours du premier concile du Vatican, en 1870. Bismarck et les libéraux prirent prétexte de cela pour reprocher aux catholiques de ne pas être de bons Allemands, de former une sorte de « cinquième colonne » dont la fidélité au pape, qui ne saurait être qu'absolue, serait incompatible avec la fidélité tout aussi absolue qu'ils devaient à l'empereur. De 1871 à 1878 furent alors promulguées toute une série de lois réglementant l'Église catholique d'Allemagne de façon extrêmement rigoureuse et la plaçant sous l'autorité de l'État protestant. Il fut notamment décrété qu'un évêque ne pourrait diriger son diocèse qu'après avoir indiqué à l'État quels prêtres il comptait s'adjoindre. Comme il était impossible aux évêques de se plier à une telle décision, l'Église d'Allemagne entra en résistance. De nombreux évêques s'exilèrent, abandonnant leur diocèse et leurs fidèles, ce qui provoqua une catastrophe pastorale : lorsque ces fidèles mouraient, ils étaient enterrés sans avoir reçu les sacrements, sans extrême-onction, ni absolution. À cause du *Kulturkampf*, les catholiques allaient mettre au moins vingt ans avant de pouvoir trouver leur place dans le Reich.

On comprend que Pacelli, lorsqu'il arrive en Allemagne en 1917, déclare : « Voilà pourquoi Dieu finit par demander : "Parmi ceux que je vous ai donnés, combien en avez-vous perdu ?" Cela ne doit plus jamais se reproduire. Nous, l'Église catholique, nous devons nous tenir à l'écart des conflits politiques nationaux. Nous devons observer une complète neutralité pour garder la liberté sur le plan pastoral. Nous avons trahi notre principe fondamental, *cura animarum suprema lex*, "l'aide pastorale est la mission suprême de l'Église". » Cette analyse du *Kulturkampf* est déterminante pour Pacelli, non seulement en tant que nonce mais aussi, plus tard, en tant que cardinal-secrétaire d'État puis pape. Il est probable que son silence, ses discours faibles durant la Seconde Guerre mondiale soient liés à cette expérience en Allemagne et au traumatisme du *Kulturkampf* : l'essentiel est pour lui de limiter le champ d'action de l'Église catholique pour mieux favoriser la pastorale.

Philippe Levillain : Pendant la période du *Kulturkampf*, le Zentrum – le grand parti catholique allemand du centre – dirigé par un homme politique très influent, Ludwig Windthorst, avait essayé, malgré une forte opposition au Parlement, d'affirmer la puissance du catholicisme dans l'Allemagne protestante. Si, après 1878, on ne vota plus de nouvelles lois contre les catholiques, celles qui existaient demeuraient en place. En 1886, Bismarck avait absolument besoin de l'appui des catholiques du Zentrum pour faire voter ses lois militaires septennales ; il avait alors négocié directement avec le Saint-Siège et proposé d'abolir certaines dispositions du *Kulturkampf* si le Vatican parvenait à convaincre le Zentrum de voter son budget militaire. Rome avait accepté, mais le Zentrum avait refusé de se conformer aux ordres du Saint-Siège : ironiquement, le fait que les catholiques allemands aient refusé d'obéir au pape même quand Bismarck le leur en avait fait la demande montrait bien l'absurdité du *Kulturkampf*...

Lorsqu'il arrive à Munich en 1917, Pacelli hérite donc d'une situation très compliquée. Le Saint-Siège n'entretient pas de relations officielles avec l'Empire allemand, mais seulement avec trois des États qui le composent : le royaume de Bavière, le Bade et le Wurtemberg. Ces trois États appartiennent au Sud catholique de l'Allemagne, par opposition au Nord protestant ; ils sont liés au Saint-Siège par des concordats.

Les concordats sont le principal outil de la politique étrangère du Vatican depuis la disparition progressive des monarchies catholiques. Le premier grand concordat avait été celui de 1801, conclu avec Bonaparte, alors Premier consul. Un concordat est un contrat synallagmatique, c'est-à-dire une convention par laquelle le Saint-Siège et un État s'engagent à des obligations réciproques, garantissant pour l'un et pour l'autre des droits et des devoirs. Il se conclut, par définition, avec un État qui est susceptible de persécuter les catholiques à un degré ou à un autre, et duquel on obtient donc qu'il garantisse leur protection. En premier lieu, un concordat défend la liberté de croyance des catholiques dans le cadre plus large de la liberté religieuse : personne ne peut être forcé d'abjurer sa religion, mais chacun est libre d'en changer, dans un sens comme dans l'autre.

Hubert Wolf : Pacelli, qui vient d'Italie, pays entièrement catholique, est effaré par le degré de « collusion » entre catholiques et protestants allemands. D'une part, on compte énormément de mariages mixtes. D'autre part, au niveau religieux, certains catholiques et protestants tentent ensemble d'établir les bases communes d'un christianisme œcuménique en amenuisant les différences entre les confessions. Ce mouvement œcuménique est sévèrement critiqué par le Saint-Office et le nonce Pacelli reçoit l'ordre de prévenir les évêques que tous les catholiques, en particulier les prêtres, qui collaboreraient à ces groupes œcuméniques seraient punis. Pacelli ose pourtant, chose inouïe pour un nonce, s'opposer à cette directive du Saint-Office. Il argue que s'il condamne ouvertement la collaboration entre catholiques et protestants – bien que, certes, les protestants soient clairement des hérétiques –, il ne pourra jamais signer de concordat avec la Prusse protestante, ce qui est le but ultime de sa présence en Allemagne. Pacelli, avec le soutien du cardinal-secrétaire d'État, obtient donc du Saint-Office le retrait de cet ordre. Rome décide de ne pas se prononcer publiquement sur la collaboration entre catholiques et protestants. Pendant ce temps, les évêques allemands, de leur propre initiative, décident de surveiller, puis d'interdire cette collaboration.

Celle-ci est également patente et problématique au niveau politique. Le Reichstag élu en janvier 1919, qui rédige et adopte la Constitution de Weimar, est dominé par une coalition : sociaux-démocrates du SPD, libéraux du DDP et catholiques du Zentrum. La Constitution de Weimar, si elle ne comporte aucune référence religieuse, confère pour la première fois en Allemagne une parfaite égalité de droits à l'Église catholique, reconnue comme une entité de droit public admise à coopérer avec l'État dans les écoles et la vie sociale. Malgré cette reconnaissance, le Vatican est alors confronté à un réel dilemme dans la mesure où le socialisme, même dans sa variante sociale-démocrate, est considéré comme une hérésie. Or, comme le décrit Pacelli à Gasparri, voilà qu'en Allemagne on constate une nouvelle tendance : le Zentrum travaille régulièrement avec les socialistes, notamment à la formation du gouvernement. Gasparri écrit alors à Pacelli que Pie XI a l'intention de condamner solennellement la collaboration entre le Zentrum et le SPD, et demande à Pacelli de lui livrer son analyse de la situation. Ce dernier lui répond : « L'Église a certes tout à fait raison de condamner les socialistes, car les socialistes sont anticléricaux. Et les catholiques ne devraient pas travailler avec les socialistes. Mais en Allemagne, la situation est difficile [...]. Si le Zentrum ne reste pas avec le SPD au sein de la coalition, les communistes en profiteront pour tenter de renverser la situation. » À choisir entre les deux maux, le moindre, dans les circonstances économiques, politiques et culturelles du moment, est encore que le parti catholique se maintienne dans la coalition. Pacelli parvient ainsi à empêcher Pie XI d'interdire la collaboration du Zentrum et du SPD.

La réponse du nonce montre bien qu'il n'est pas un idéologue étriqué incapable de voir la situation en Allemagne telle qu'elle est, mais qu'il est, au contraire, doué d'une grande lucidité et d'un réel pragmatisme, aussi bien sur le plan politique que religieux il essaie de trouver des solutions qui lui permettent d'ancrer ses objectifs politiques.

Philippe Chenaux : Le danger bolchevique est une préoccupation très présente dans les rapports du nonce Pacelli dès 1918-1919. C'est ainsi que dès le lendemain de la Grande Guerre naît, pour la papauté, l'idée d'une Europe unie autour des valeurs chrétiennes et contre le bolchevisme, laquelle se réalisera plus concrètement au lendemain de la Seconde Guerre mondiale.

Le traité de Versailles, perçu par les Allemands comme un diktat, une paix injuste imposée par les vainqueurs, a favorisé la montée des extrémismes en Allemagne et a fait le jeu de l'extrême droite comme de l'extrême gauche. Les révolutions qui ont éclaté à la fin de la guerre ont suscité une réaction antibolchevique qui a conduit à la montée en puissance du national-socialisme. Lors de la première tentative de coup d'État de Hitler, en novembre 1923, dans une brasserie de Munich, Eugenio Pacelli se trouve justement dans la capitale bavaroise. Il envoie des télégrammes à Rome pour rendre compte en direct de l'évolution de la situation. Ces rapports soulignent très clairement le caractère anticatholique du mouvement national-socialiste, perceptible dans les manifestations de rue où se font notamment entendre des slogans très hostiles à l'archevêque de Munich, le cardinal Michael von Faulhaber, grand ami du nonce, qui sera plus tard l'un des inspirateurs de l'encyclique contre le nazisme, *Mit brennender Sorge.*

Père Peter Gumpel, s.j. : De 1919 à l'arrivée de Hitler au pouvoir en 1933, l'Allemagne a connu vingt gouvernements successifs, dont un seul a duré plus d'un an. Plus de vingt partis étaient représentés au Reichstag, ce qui faisait que chaque gouvernement était le fruit d'une coalition hétéroclite qui éclatait au moindre désaccord. À cette instabilité politique s'ajoutait une situation économique désastreuse dès l'armistice – l'Allemagne devait s'acquitter de réparations de guerre ruineuses, le cœur économique du pays, la Ruhr, était occupé par les Français… –, qui s'aggrave encore considérablement avec la crise de 1929.

Il y avait six millions de chômeurs, ce qui veut dire six millions de familles sans ressources… J'étais enfant, alors : j'ai connu cette misère absolue, la famine… J'ai vu les enfants de ces pauvres gens mal vêtus, affamés… Le nonce Pacelli, naturellement, était aussi témoin de cela et essayait de soulager ces gens avec les moyens très limités que le Vatican pouvait mettre à sa disposition. Il a fait tout son possible. Il était très aimé en Allemagne pour sa charité envers les pauvres et les persécutés. Dans les situations d'extrême misère, on le sait, les extrémistes trouvent un terrain fécond pour répandre leurs idées : en l'occurrence, le parti communiste et ses millions d'adhérents d'un côté et, de l'autre, le parti de Hitler qui en comptait lui aussi de plus en plus. Je me rappelle très bien ces nuits où l'on était réveillé par les sirènes de la police : il y avait des combats de rue, des morts et des blessés… C'était une situation de désordre général.

Au milieu de tout cela, le nonce et le Zentrum étaient réduits à l'attentisme. De par le *Kulturkampf*, les catholiques étaient considérés comme des citoyens de seconde catégorie et suspectés d'être traîtres à la patrie. Il devenait de plus en plus clair qu'à la fin, l'Allemagne passerait sous la coupe, soit des communistes, soit des nazis, qui rivalisaient dans l'anticatholicisme…

Vous avez connu Mgr Pacelli en Allemagne quand vous étiez enfant. Quels souvenirs en gardez-vous ?

Au mois de décembre 1929, avant de quitter l'Allemagne, le nonce apostolique Eugenio Pacelli a fait une visite de courtoisie à mon grand-père. Ils se connaissaient bien. Ma sœur et moi avons été appelés pour le saluer très brièvement. Ce n'était pas la première fois que nous étions appelés à saluer des personnalités du monde politique, diplomatique ou économique. Ceux-là jouaient parfois la comédie, disaient : « Oh, quel bel enfant, quels beaux yeux ! », etc. Je savais que c'étaient des compliments pour plaire à mes parents... Avec le nonce Pacelli, ce fut tout à fait différent : il était sincèrement intéressé, aimable, très bon. Il m'a encouragé à être respectueux envers mes parents, à être un bon chrétien, à rester fidèle à l'Église, etc., d'une façon réellement amicale... comme un grand-père peut parler à son petit-fils. Cette différence de comportement avec les autres m'a beaucoup marqué.

Cette impression s'est renforcée quand, à vingt-trois ans, j'ai été nommé professeur de philosophie à l'Université pontificale grégorienne à Rome. À plusieurs reprises, il a envoyé sa gouvernante, mère Pascalina, me demander si dans la bibliothèque et dans les archives de l'université se trouvaient des documents ou des livres que nous pouvions lui prêter, parce qu'il avait l'habitude de ne jamais citer un auteur sans avoir consulté l'œuvre originale. Nos conversations ont été parfois d'une nature plus sérieuse. Il m'a interrogé sur des hommes politiques allemands que mon grand-père avait connus et dont je savais quelque chose. Toujours avec cordialité et simplicité. On a dit qu'il était très distant, froid, glacial ; ce n'est absolument pas mon expérience personnelle. J'étais un jeune religieux, et il me traitait avec une amabilité et une bonté exceptionnelles. Pie XII, en public, était certes un personnage tout à fait différent : quand il remplissait ses fonctions liturgiques dans la basilique Saint-Pierre, il était alors le grand prêtre, réservé, presque rigide.

Philippe Chenaux : Quand, à la fin des années vingt, on assiste de nouveau à une poussée électorale des extrêmes et que la coalition SPD-DDP-Zentrum perd la majorité, le Zentrum est confronté à un choix cornélien : soit constituer des gouvernements minoritaires sans majorité garantie au Parlement et qui en seraient réduits à gouverner par ordonnance – mais c'était s'engager dans un processus antidémocratique, ne respectant plus le choix des électeurs –, soit chercher de nouveaux alliés vers la droite et constituer une espèce de grand rassemblement des partis d'ordre pour lutter contre la montée du bolchevisme. Cette oscillation caractérise la « stratégie » du Zentrum pendant les dernières années de la République de Weimar.

Le nonce Pacelli a été accusé d'avoir voulu favoriser un rapprochement du Zentrum avec l'extrême droite pour lutter contre le bolchevisme et défendre au mieux les intérêts de l'Église. Il est vrai que, les années passant, il déplore un certain glissement à gauche du Zentrum. Il est sensible aux doléances de certains milieux catholiques conservateurs qui prennent leurs distances et ne se reconnaissent plus dans la politique du Zentrum. Il est donc favorable à un recentrage du Zentrum vers la droite, c'est indiscutable. L'homme qui incarne ce recentrage est un de ses grands amis, un de ses conseillers, Mgr Ludwig Kaas, qui devient en 1928 président du Zentrum.

Hubert Wolf : En Allemagne, les évêques sont organisés en deux conseils : la conférence des évêques de Fulda, sous la présidence du cardinal Adolf Bertram, archevêque de Breslau, et la conférence des évêques de Bavière, sous la direction du cardinal Michael von Faulhaber, archevêque de Munich. Face au national-socialisme, la position des évêques est relativement homogène, sans décision unanime pour autant. Mais, entre 1929 et 1933, c'est-à-dire entre le moment où Hitler devient une véritable figure de la vie politique et son accession au pouvoir, les publications des évêques et du vicaire général sont sans appel : catholicisme et national-socialisme ne sont pas compatibles. La doctrine raciste qui figure au programme du NSDAP est incompatible avec l'image de l'homme telle que la conçoit l'Église catholique. Si un catholique meurt et qu'il est par ailleurs membre du parti nazi, dans certains diocèses comme celui de Mayence par exemple, on lui refusera des obsèques catholiques. Les évêques réunis en conférence à Fulda interdisent « la présence aux offices religieux de nationaux-socialistes en uniforme, portant le drapeau et ordonnés en colonnes serrées » et refusent aux catholiques nationaux-socialistes de recevoir les sacrements.

Lors de sa dernière année de nonciature en Allemagne, en 1929, Mgr Pacelli reçoit une lettre de Mgr Enrico Sibilia, son confrère de Vienne. Celui-ci a eu entre les mains un livre écrit par un certain Hitler (*Mein Kampf*) et demande à Pacelli de lui dire qui est ce fameux « Hitler ». Pacelli lui répond qu'il s'agit du chef du parti national-socialiste des travailleurs allemands, et que c'est un agitateur politique dangereux dont il faut se méfier. Pour autant, il ne s'intéresse pas de près au programme du parti nazi. Il ne le fera que plus tard, lorsque le NSDAP passera véritablement du stade de groupuscule à celui d'un parti d'envergure bien installé au Reichstag.

Père Peter Gumpel, s.j. : Les évêques allemands sont certes opposés au communisme, mais aussi au national-socialisme. Ils ont compris que les nazis combattaient les Juifs et refusaient l'Ancien Testament, qu'ils appellent « le livre des Juifs ». Avant 1933, on interdit clairement aux catholiques de voter pour Hitler – et, de fait, en Bavière, en Rhénanie, en Westphalie, les catholiques ayant voté pour Hitler ne dépassent jamais les 15 %, contrairement aux Länder protestants, où la très grande majorité vote pour Hitler. Les évêques mettent en garde les catholiques : « Ne votez jamais pour Hitler ! C'est un homme qui fait des promesses, mais c'est un démagogue incapable de gouverner. Ne lui donnez pas votre voix ! Votez pour le parti catholique. »

Naturellement, le Vatican encourage les évêques dans ce sens ; et Hitler ne l'oubliera jamais. Mon grand-père, qui était un ami personnel du président de la République allemande, le maréchal von Hindenburg, avait mobilisé tout son poids politique et financier – c'était un homme riche – dans sa lutte contre Hitler. Hitler l'a fait assassiner après la mort du maréchal : il a commencé par persécuter ma famille et, finalement, il a jeté ma mère en prison et tué mon grand-père...

Hitler était catholique baptisé mais, au sortir de l'enfance, il n'a jamais plus mis les pieds dans une église sauf une seule fois, à Berlin en 1935, à l'occasion d'une messe de requiem pour la mort du maréchal Piłsudski, le chef d'État polonais. Il ne pouvait pas se permettre d'être absent en cette circonstance, et il y est donc venu. Il y avait un prie-Dieu devant lui : il a ostensiblement posé son chapeau dessus et n'a jamais plié genou. Il était hostile à l'Église catholique même si, au commencement, il l'a dissimulé pour séduire l'opinion publique allemande et internationale.

À l'hiver 1929, Eugenio Pacelli quitte l'Allemagne et succède quelques mois plus tard à Mgr Gasparri comme secrétaire d'État de Pie XI. Cela ne signifie pas qu'il renonce à s'intéresser à l'Allemagne : au contraire, le fait que le spécialiste de l'Allemagne accède à la secrétairerie d'État montre que la question allemande est au cœur des préoccupations du Saint-Siège, dès avant l'accession de Hitler au pouvoir.

À la fin des années vingt, les alliances politiques traditionnelles éclatent. En 1930, la coalition de Weimar s'effondre définitivement. Le chancelier Brüning, représentant de l'aile modérée du Zentrum, ne doit son poste qu'au bon vouloir du président Hindenburg et doit gouverner par décret. En 1932, il est démis et remplacé par von Papen, un officier catholique et monarchiste, représentant de l'aile droite du Zentrum. Le centre lui-même, sous la direction de Kaas, se méfie de von Papen et de ses tendances autocratiques et, jouant la politique du pire, le pousse à concrétiser sa dérive droitière : s'il veut vraiment s'allier avec le parti nazi, qu'il convoque de nouvelles élections qui lui fourniront la base parlementaire nécessaire à la formation d'un tel gouvernement... Le Zentrum de Kaas espère ainsi faire coup double en faisant campagne à la fois contre von Papen et contre le NSDAP. De leur côté, les partis de gauche jouent aussi au jeu dangereux de la division : le parti communiste, sur les directives du Komintern, refuse toute alliance avec les sociaux-démocrates, ces « social-traîtres ».

Résultat de ces stratégies douteuses : de douze sièges au Parlement aux élections de mai 1928, le parti nazi, qui était déjà passé à cent sept députés aux premières élections d'après-crise, en septembre 1930, en compte deux cent trente en juillet 1932. Après les nouvelles élections de septembre 1932, qui confirment en partie cette ascension fulgurante, le maréchal von Hindenburg se résout, en janvier 1933, à nommer Hitler chancelier du Reich ; von Papen, désavoué par le Zentrum, devient vice-chancelier.

V.

L'année du diable

Le 27 février 1933, Hitler désigne les communistes comme responsables de l'incendie criminel du Reichstag. Le parti communiste est dissous et Hitler obtient de Hindenburg la suspension de nombreuses libertés publiques. Profitant de la disparition du parti communiste, Hitler convoque pour le 5 mars de nouvelles élections législatives qui lui donnent, avec ses alliés du parti national du peuple allemand, la majorité au Parlement. Le 23 mars, il se fait voter les pleins pouvoirs par le nouveau Parlement. La majorité requise des deux tiers n'est atteinte que grâce aux voix des catholiques du Zentrum, Hitler ayant promis à Kaas que cela permettrait un retour à la stabilité institutionnelle. De plus, lors de cette session extraordinaire du Parlement, alors que les SA verrouillent les sorties, Hitler construit son discours autour de la défense des valeurs religieuses :

« Dans sa volonté d'assainir politiquement et moralement notre vie publique, le gouvernement entend créer et garantir les conditions d'une vie religieuse réellement profonde et intérieure. Les avantages que pourraient apporter à l'individu les compromissions avec des organisations athéistes[1] *ne peuvent aucunement compenser les conséquences visibles de la*

1. Référence aux communistes.

destruction de nos valeurs religieuses et éthiques communes. Le gouvernement national considère les deux confessions chrétiennes comme le facteur décisif du maintien de notre société. Il respectera des accords conclus entre les Églises et les provinces ; leurs droits ne seront pas atteints. En retour, le gouvernement espère et attend d'elles le même respect quant à la mission qu'il s'est fixée de renouveau éthique et national de notre peuple. Le gouvernement traitera toutes les autres confessions avec une justice objective et impartiale ; il ne tolérera cependant pas que l'appartenance à une confession ou à une race serve de prétexte pour se décharger des obligations légales communes à tous ou comme un blanc-seing débouchant sur des comportements impunis ou la tolérance de crimes. Le gouvernement national autorisera et confirmera aux confessions chrétiennes le privilège d'exercer leur légitime influence dans les écoles et dans le domaine de l'éducation. Il se souciera de la coopération sincère entre les Églises et l'État. La lutte contre l'idéologie matérialiste et pour la construction d'une véritable communauté populaire [Volksgemeinschaft] *est conforme tant aux intérêts de la nation allemande que de notre foi chrétienne. [...] Le gouvernement national, considérant que le christianisme est le fondement inébranlable de la vie morale et éthique de notre peuple, attache la plus grande importance à cultiver les relations les plus amicales avec le Saint-Siège. [...] Les droits des Églises ne seront pas réduits, leur position par rapport à l'État ne sera pas modifiée.* »

Hitler ouvre ainsi la voie à la conclusion du concordat auquel le Saint-Siège, par l'intermédiaire de Mgr Pacelli, travaille depuis la fin de la Première Guerre mondiale.

Père Peter Gumpel, s.j. : Je me rappelle très bien du jour où Hitler a été nommé chancelier du Reich. J'avais neuf ans et demi, j'étais en visite chez mon grand-père. Est entré un de ses secrétaires qui lui a donné un papier. Mon grand-père a changé de couleur et, le visage tout rouge, s'est écrié : « Le président de la République m'avait juré qu'il ne nommerait jamais chancelier ce voyou de Hitler ! » Je n'avais jamais vu mon grand-père comme ça.

Pendant les premières années du gouvernement de Hitler, la situation a effectivement changé : le nombre des chômeurs a diminué, les gens avaient plus d'argent. Mais à quel prix ? Hitler a fait fonctionner la planche à billets sans en avoir les moyens. Les conséquences en étaient évidentes : aucune nation ne voulait plus accepter la devise allemande. À terme, cela aurait conduit à un désastre total. Je me rappelle avoir demandé à ma mère, qui était, comme mon père, docteur en économie : « Est-ce que tu penses qu'il y aura la guerre ? » Elle m'a répondu : « C'est inévitable. » J'avais alors quatorze ans ; on était en 1938. Je lui ai répondu : « Maman, comment peux-tu en être aussi sûre ? » Elle m'a expliqué ceci : « C'est tout simplement une question économique. Hitler a imprimé du papier-monnaie. Notre argent n'est pas couvert, mais il ne peut plus reculer. Même s'il le voulait, il ne pourrait plus éviter la guerre parce qu'il a épuisé toutes les ressources d'Allemagne pour fabriquer des chars, des avions et des navires de combat... Pour l'heure, c'est l'armement le plus moderne du monde. Et il doit faire la guerre ; parce que, s'il ne la fait pas, nous serons dans une situation de banqueroute totale. Les salaires ne seront plus versés, etc. Donc, il est obligé de faire la guerre. C'est une mesure de désinflation. Même s'il voulait l'éviter, il ne le pourrait plus. »

La population qui avait vécu la Première Guerre mondiale et ses conséquences n'avait aucun enthousiasme pour la guerre. Les gens avaient peur, ils ne voulaient pas la guerre. Mais Hitler avait trouvé en Joseph Goebbels, le ministre de la Propagande, un homme d'une très grande intelligence. Cet individu, qui était baptisé catholique, était un apostat animé d'une haine viscérale pour les catholiques, les jésuites, etc.

Philippe Chenaux : Le problème qui se pose à l'Église allemande après l'incendie du Reichstag le 27 février, et plus encore après le vote des pleins pouvoirs du 23 mars, est de savoir s'il est judicieux ou même prudent de continuer à interdire aux catholiques toute collusion avec le nazisme dans la mesure où ce dernier se confond de plus en plus avec l'État. Peut-être, se disent certains, vaut-il mieux adopter une attitude nouvelle de loyauté à l'égard du gouvernement, mettre en sourdine ces condamnations pour faciliter une intégration des catholiques dans le nouvel ordre politique.

En arrière-plan, c'est la peur d'un nouveau *Kulturkampf* qui est à l'œuvre dans l'attitude des évêques, en particulier du premier d'entre eux, le cardinal Adolf Bertram, archevêque de Breslau et président de la conférence de Fulda. Il craint que les catholiques ne soient accusés d'être des ennemis de l'intérieur, qu'on les cantonne littéralement dans des ghettos. Cette crainte explique largement l'attitude « loyaliste » de l'épiscopat à l'égard du régime dans les années trente.

Hubert Wolf : L'année 1933 est bien sûr un tournant capital dans l'histoire de l'Allemagne, mais aussi dans l'histoire des relations entre l'Église et le national-socialisme. Trois événements majeurs ont lieu entre mars et avril 1933, qui donnent des indications sur ces relations et posent la question du rôle du nonce Pacelli. Le 23 mars, tout d'abord, lorsque le Zentrum vote les pleins pouvoirs à Hitler. À partir de ce moment-là, Hitler va pouvoir asseoir sa dictature en toute légalité. Puis, le 28 mars, le cardinal Adolf Bertram retire, au nom de tous les évêques, la condamnation de principe à l'encontre du national-socialisme alors en vigueur. Bertram croit aux promesses faites par Hitler dans sa déclaration de politique générale. Il pense que le nouveau Reich reposera sur les bases du christianisme, qu'il va respecter les concordats signés avec différents pays et travailler à bâtir des relations avec le Saint-Siège, et que ces garanties permettront aux catholiques de collaborer avec le Reich – même si le programme politique du NSDAP contient explicitement des positions racistes. Troisième événement enfin, le 8 avril : Hitler envoie von Papen à Rome pour proposer un concordat entre le Reich et le Saint-Siège.

La question se pose alors d'un lien possible entre ces trois événements. Klaus Scholder, historien spécialiste de l'Église à l'université de Tübingen, pensait que Hitler et Eugenio Pacelli avaient conclu, en amont, un marché. Nous savons que, pendant toute la période où il était en Allemagne, donc de 1917 à 1929, Pacelli a tenté de mettre au point un concordat avec le Reich. Cela n'a pas fonctionné. Pour Eugenio Pacelli, le concordat était resté un vœu pieux, un rêve. D'après Scholder, Hitler aurait proposé le concordat au nonce en échange, d'une part du vote du Zentrum pour la loi sur les pleins pouvoirs et, par conséquent, pour l'instauration d'une dictature légale, d'autre part du retrait de la condamnation du national-socialisme par les évêques. Ce second point était peut-être plus important encore pour Hitler. En effet, si un tiers de la population allemande – disons un quart en comptant uniquement les catholiques pratiquants – était censé perdre son salut éternel en adhérant au nazisme, Hitler se heurtait à un sérieux problème. Il était essentiel que les catholiques allemands puissent pleinement collaborer avec le IIIe Reich. Cependant, un autre historien, Konrad Repgen, a toujours vigoureusement contesté que l'existence d'un tel « pacte » fût prouvée.

Quand les archives du Vatican sur cette période ont été ouvertes en 2006, tout le monde espérait pouvoir mettre un terme à ces spéculations et découvrir ce qui s'était réellement passé. Aujourd'hui, on sait que la thèse du marché ne tient pas. D'une part, le 28 mars, jour du retrait de l'interdiction pastorale, Mgr Pacelli s'entretient encore avec le pape sur l'attitude à conseiller aux évêques. De plus, en voyant que les Allemands lui envoient von Papen, il est furieux. « Bien sûr, dit-il, le concordat est une bonne chose, parce qu'il protège la position juridique de l'Église. Mais si je veux un concordat, si je veux obtenir des concessions de mon partenaire en Allemagne, je suis obligé de lui proposer quelque chose en échange. Or que souhaite-t-il vraiment : le retrait de la condamnation du national-socialisme par les évêques et le vote du Zentrum sur la loi des pleins pouvoirs ? Mais ces deux points lui sont déjà acquis ! » Et de confier encore à un diplomate anglais : « Au moment où Hitler m'a proposé le concordat, je n'avais plus aucune carte en main. C'est comme si on m'avait mis un pistolet sur la tempe. Je ne pouvais plus rien faire. Il fallait essayer de sauver ce qui pouvait encore l'être. »

Aujourd'hui, avec le recul historique, nous savons exactement ce qu'est le nazisme. Nous savons pertinemment qu'il mènera à la persécution de l'Église et à la Shoah. Mais en 1933, il avance encore masqué. Ce que désigne l'expression « national-socialisme » n'est pas du tout clair à l'époque. Certains pensent que le nazisme, ce sont ces idiots racistes et ringards du mouvement *Völkisch* (mouvance culturelle aux accents mystiques fondée sur la notion romantique de *Volk*, « peuple » germanique) comme Mathilde Ludendorff, cette neurologue mariée à un général, qui écrit sur « les pouvoirs extraordinaires de l'esprit » et rêve d'une religion purement aryenne. Pour d'autres, le nazisme n'est qu'une forme de supernationalisme allemand. Certains, à Rome même, pensent qu'il y a une différence entre Hitler et Alfred Rosenberg, l'auteur du manifeste racial *Le Mythe du XXe siècle* : pour eux, Rosenberg est un aliéné raciste, tandis que Hitler est un homme d'État somme toute catholique, qui plus est, démocratiquement élu et donc légitime.

Au cours de l'année 1933, la curie va assez rapidement prendre conscience que Hitler est le diable en personne. Mais avant le mois de mars, ce n'est pas du tout évident. Il faut faire très attention et ne pas juger le passé à partir de ce que nous savons des événements ultérieurs. Même les rares personnes qui avaient lu les souvenirs et journaux de Juifs allemands qui commençaient déjà à circuler ne prenaient pas vraiment la mesure de ce qui était en train de se passer. C'est plus tard qu'elles comprendront, notamment lors du boycott des commerces juifs du 1er avril 1933.

Philippe Chenaux : Pie XI, obsédé par le danger bolchevique, voit, dans un premier temps, en Hitler un rempart possible contre ce danger. Mgr Pacelli, beaucoup plus réservé, beaucoup plus critique, connaît mieux la situation allemande. Il voit bien que Hitler représente un autre type de danger pour l'Église et mesure l'urgence qu'il y a à assurer à cette dernière ce qu'il appellera plus tard une « base juridique » de défense pour garantir son existence même : ce fameux concordat. D'après les documents que j'ai pu voir, Pie XI semble réticent à aller aussi vite dans les négociations. C'est Eugenio Pacelli qui pousse à la roue et décide finalement d'accélérer les choses.

Philippe Levillain : Mgr Pacelli n'est pas du tout, et n'a jamais été, favorable au nazisme ni à Hitler. Le concordat négocié entre avril et juillet est considéré comme trop rapide. En fait, il est voulu par Pie XI qui craint par-dessus tout le diable communiste. Mais c'est un choix personnel de Pie XI ; ce n'est pas celui de Pacelli qui y est hostile. De plus, ce concordat, proposé par Hitler, est truffé de pièges, de codicilles intérieurs et de conditions pernicieuses : sur les ordres religieux, sur la parole épiscopale, sur la lecture des encycliques et des exhortations apostoliques en chaire…

Père Peter Gumpel s.j. : Hitler fait des discours favorables au protestantisme et au catholicisme, affirmant qu'ils sont les colonnes de son futur gouvernement et qu'il leur tend la main ; il proclame qu'il veut la paix avec les catholiques et leur offre un concordat. Qu'arriverait-il si l'Église catholique repoussait ces ouvertures ? Hitler pourrait très bien rendre public son projet de concordat très favorable à l'Église et dire : « J'ai tendu la main à l'Église catholique, ils l'ont brutalement repoussée ; alors, Messieurs, si vous ne voulez pas la paix, vous pouvez avoir la guerre et vous l'aurez… » C'est bien ce que craignent Mgr Pacelli et Pie XI. D'un autre côté, ils veulent éviter d'engager un contact aussi direct avec Hitler et lui donner ainsi une légitimité internationale.

Et puis, ils n'ont aucune confiance en Hitler : ils savent bien que si ce dernier leur « offre » un concordat aussi favorable aux intérêts de l'Église, c'est bien parce qu'il n'a aucune intention d'en honorer les termes… Quelques semaines après la signature du concordat, à l'été 1933, un diplomate britannique, Mr. Kirkpatrick, demande au cardinal Pacelli : « Croyez-vous que Hitler honorera ses engagements ? » Pacelli lui répond :

« Hitler ? Absolument pas. Nous pouvons seulement espérer qu'il ne rompra pas toutes ses promesses d'un coup. Nous n'avons aucune confiance en lui. »

En fait, beaucoup d'hommes politiques en Allemagne pensent : Hitler ne durera pas, c'est un démagogue, pas un homme de gouvernement, il ne pourra jamais tenir ses promesses ; alors il sera écarté et disparaîtra de la scène… Eugenio Pacelli, comme tant d'autres avec lui, est convaincu que Hitler est incapable de remettre en ordre les affaires de l'Allemagne et qu'on doit s'efforcer, tant qu'il est là, de le neutraliser en l'entourant de personnes capables de limiter ses excès. Dès 1929, au moment de quitter l'Allemagne, il disait à peu près ceci de Hitler : « C'est un maniaque, un égocentrique, un homme qui marche sur les cadavres. C'est un homme qui détruit tout ce qui s'oppose à lui. Je ne comprends pas comment tant d'hommes politiques en Allemagne ne l'ont pas compris. Est-ce qu'ils n'ont jamais lu son terrible livre, *Mein Kampf* ? » Pacelli, lui, l'avait lu.

Pie XI, lui aussi, perd ses illusions dès le mois de juin 1933. Il dit alors à Eugenio Pacelli : « Nous avons signé le concordat et nous devrions nous réjouir. Pourtant ce n'est pas un jour de fête, parce qu'on ne sait pas si on peut se fier aux promesses de Hitler. »

Père Peter Gumpel, s.j. : Le boycott du 1er avril est en fait un contre-boycott. Les Juifs américains avaient pris la mesure de la rhétorique antisémite de Hitler, lequel accusait les Juifs, ainsi que les jésuites et les francs-maçons, d'être notamment les artisans du « diktat de Versailles ». Sachant que l'économie allemande dépendait essentiellement des exportations, ils avaient lancé un boycott des produits allemands afin de faire tomber le gouvernement de Hitler. C'est effectivement un danger très réel pour Hitler, qui ordonne alors un contre-boycott d'une journée en guise d'avertissement. Et les Juifs allemands écrivent immédiatement aux Juifs d'Amérique : « Que faites-vous ? Vous êtes en sécurité. Personne ne vous persécute. Tandis que nous, nous sommes menacés. Et si vous continuez à boycotter les produits allemands, c'est nous qui en paierons les conséquences. Voyez : on a déjà lancé un contre-boycott contre nous. » Et les Juifs américains ont cédé. Ce contre-boycott du 1er avril a donc été un succès pour Hitler. Le fait que les Juifs américains aient le pouvoir de menacer Hitler, et que les Juifs allemands leur demandent de ne pas intervenir, permet de comprendre, dans ce contexte, la réaction de l'archevêque de Munich, le cardinal von Faulhaber, à qui l'on demandait de prendre publiquement position en faveur des Juifs : « Défendre les Juifs, a-t-il dit, aurait pour effet de transformer les persécutions contre les Juifs en persécutions contre l'Église ; au demeurant, les Juifs sont capables de se sauver tout seuls. »

Dès ce moment-là, plusieurs personnes interviennent et écrivent à Pie XI et à son secrétaire d'État, Eugenio Pacelli, en les suppliant d'élever la voix contre Hitler, contre l'idéologie nazie et la persécution des Juifs : notamment Edith Stein, mais aussi le général des Dominicains, le père Gillet, ou encore l'ambassadeur de

France auprès du Saint-Siège à partir de 1932, François Charles-Roux. Tous incitent le Vatican à intervenir publiquement. Mais le Saint-Siège estime que le moment n'est pas encore propice ; après tout, Hitler est arrivé au pouvoir légalement il y a quelques mois à peine.

Hubert Wolf : La lettre d'Edith Stein, datée du 3 avril 1933, se distingue des autres en ce que c'est la seule qui obtienne une réponse. La future sainte et martyre est encore une inconnue. Baptisée depuis 1921, elle enseignait la philosophie à Münster : elle se voit interdire d'enseigner, aussi bien en tant que femme qu'en tant que Juive (elle entrera au Carmel juste après). Sa lettre répète notamment à deux reprises : « Si le silence devait durer... » Elle supplie instamment l'Église de ne pas se taire. L'Église doit parler. Edith Stein confie sa lettre à l'abbé de Beuron, haut dignitaire ecclésiastique, qui envoie un courrier à Mgr Pacelli auquel il joint la lettre d'Edith Stein. D'après les notes de Pacelli, il remet cette lettre au pape en personne. Le pape ne prend aucune décision. Eugenio Pacelli répond lui-même à l'abbé : il lui demande de faire savoir à Edith Stein que la lettre a été présentée au pape conformément au règlement, et qu'il demande une bénédiction pour Edith Stein et pour l'Église. Entre-temps, le 7 avril, Hitler promulgue une loi excluant les Juifs de tous les emplois publics. Edith Stein, ne pouvant plus enseigner, rentre au Carmel. Elle mourra gazée à Auschwitz en 1942.

Le 4 avril 1933, Eugenio Pacelli demande à Mgr Cesare Orsenigo, son successeur à la nonciature de Berlin, d'examiner les possibilités qui s'offrent au Saint-

Siège de protester contre les persécutions antisémites en Allemagne, notamment en demandant au Zentrum de se retirer de la coalition – elle-même illusoire dans la mesure où Hitler dispose des pleins pouvoirs. En effet, d'après la tradition, le Saint-Siège se doit d'intervenir en faveur des personnes persécutées ou en danger de l'être, quelle que soit leur nationalité ou leur religion ; en somme, pour prendre une formulation plus moderne, l'Église doit défendre les droits de l'homme. Orsenigo répond à Pacelli que des lois interdisant aux Juifs l'accès à la fonction publique viennent d'être votées, le 7 avril. Il ajoute : « L'antisémitisme est devenu une loi nationale. La situation risque de changer radicalement. Il n'est pas opportun de protester en un tel moment. » Mgr Pacelli doit choisir entre deux maux et estime, au vu des circonstances économiques, politiques et culturelles, que ce serait jeter de l'huile sur le feu que de provoquer une crise politique avec le Zentrum.

D'autres lettres arrivent encore. Entre autres celle, émouvante, du rabbin Arthur Zacharias Schwarz de Vienne, auquel Pie XI, lorsqu'il était encore préfet de l'Ambrosiana, la plus grande bibliothèque d'Italie, avait fourni des documents pour sa thèse. Les deux savants se connaissaient bien, s'échangeaient des publications à tirage confidentiel. Le rabbin Schwarz écrit alors : « Cela aiderait considérablement les Juifs si le Saint-Père pouvait prendre la parole et dénoncer l'injustice qui les frappe… » On trouve également dans les archives une note sur laquelle un employé de la secrétairerie d'État écrit à Pacelli : « Ce sujet est *molto delicato* [très délicat]. Il vaudrait mieux ne rien entreprendre pour l'instant. » Le choix de garder le silence sur ce sujet l'a toujours emporté. In fine, il n'y aura aucune intervention publique du pape. Nous ne pouvons que supposer que cela a un rapport avec la volonté de se tenir au-dessus des partis, de respecter la neutralité du pape comme *padre comune*, « père de tous », neutralité qui sera renforcée par Eugenio Pacelli plus tard pendant la guerre. *Cura animarum suprema lex* : l'aide pastorale aux catholiques est le commandement suprême. On a l'impression que les évêques sont partagés entre la défense des droits de l'homme et l'aide pastorale – et, au final, l'aide pastorale l'emporte toujours.

Le 8 avril 1933, von Papen arrive à Rome pour négocier les termes du concordat. Celui-ci est accepté par Hitler le 14 juillet, signé le 20 juillet et ratifié le 10 septembre. Ses principaux points sont : la liberté de professer la foi catholique, la libre circulation de la correspondance ecclésiastique, le droit de collecter des dons, la protection de l'enseignement catholique et des associations ; ainsi, réciproquement, que le serment d'allégeance des évêques envers le gouvernement et l'interdiction faite aux ecclésiastiques de se livrer à une activité politique.

Père Peter Gumpel, s.j. : Il faut ici dissiper un malentendu. Les concordats ne sont pas des traités d'amitié, tout au contraire : on conclut des concordats avec des nations où les catholiques ne sont pas libres de pratiquer leur foi, où ils risquent d'être persécutés. Ce sont strictement donc des traités de défense qui cherchent à obtenir, pour les catholiques, un minimum de libertés.

Ainsi, par exemple, Mgr Pacelli, quand il était nonce à Berlin, avait essayé de parvenir à un concordat avec l'Union soviétique : il n'y avait évidemment pas de nonce à Moscou. Les négociations avaient duré trois ans et avaient échoué parce que les communistes ont toujours refusé d'autoriser l'enseignement religieux et la liberté de culte. Le fait qu'on ait tenté pendant trois ans d'arriver à un accord avec un régime athée, donc tout à fait hostile à l'Église, illustre bien que les concordats ne sont pas des traités d'amitié.

Eugenio Pacelli adopte une position strictement légaliste. Il écrit notamment : « Le Vatican traite avec les gouvernements que les peuples se donnent. »

Hubert Wolf : On débat beaucoup, c'est bien normal, pour savoir si la signature de ce concordat implique ou non un changement profond des relations entre l'Église et le nazisme. Il faut tout d'abord noter que ce concordat, dans sa lettre, est « classique », sans dispositions inhabituelles. Ce sont les circonstances historiques qui lui confèrent un autre sens.

D'une part, la clause qui prévoit que les ecclésiastiques ne pourront plus assumer de position politique signe automatiquement la mort du Zentrum, d'autant que la plupart de ses membres laïcs avaient déjà fait défection pour le NSDAP. Hitler réussit donc là où Mussolini a échoué avec le parti populaire : faire disparaître le parti catholique. Il est tellement sûr de son coup qu'il obtient la dissolution du Zentrum dès le 6 juillet, donc avant la signature du concordat. Cette précipitation conforte Mgr Pacelli dans sa défiance vis-à-vis de Hitler.

D'autre part, ce concordat influe sur les relations entre le secrétaire d'État Pacelli et le nonce en Allemagne Orsenigo : à partir du moment où l'Église a signé un traité de droit international avec le régime nazi, on ne peut pas faire comme s'il n'existait pas. Mgr Pacelli tente certes, notamment par la voix du journal du Vatican, l'*Osservatore Romano*, de faire entendre qu'il a agi uniquement dans l'intérêt de l'Église et que cela ne signifie pas qu'il reconnaît pour autant le gouvernement cosignataire de ce concordat. Mais les nazis ont beau jeu de répondre qu'à partir du moment où le Saint-Siège a signé un concordat avec eux, c'est qu'il reconnaît le gouvernement de Hitler. Et ils poursuivent, à l'adresse du monde entier : « Si le Saint-Siège, autorité morale s'il en est, signe avec nous un traité de droit international, qui pourrait être assez présomptueux pour ne pas vouloir signer de nouveaux traités avec les nazis ? »

Père Peter Gumpel, s.j. : Ce concordat a quand même des avantages pour l'Église : quand Hitler commence à violer, l'un après l'autre, chacun de ses points, le Vatican a la possibilité de protester officiellement de ces violations du droit international. Et il le fait : entre 1933 et 1939, on compte des dizaines de protestations violentes du Vatican contre la mise en œuvre des premières persécutions contre l'Église catholique.

Hubert Wolf : En 1933-1934, les évêques d'Allemagne se scindent en deux groupes. Un premier groupe, autour du cardinal Bertram, estime qu'il vaut mieux privilégier la diplomatie secrète : quand il y a un problème, on écrit à Hitler pour lui mettre le dossier directement sous les yeux. Un second groupe estime, lui, que ces pétitions secrètes ne servent à rien : Hitler les lit et les classe. Eux plaident pour des actions publiques. Ainsi, le cardinal von Faulhaber, archevêque de Munich, prononce, durant l'Avent 1933, de célèbres sermons dans lesquels il insiste beaucoup sur les origines juives du christianisme, dénonçant ceux qui prétendent inventer un « christianisme positif » débarrassé de ses origines vétérotestamentaires et adorant un « Christ aryen » ; il prévient également que « Dieu châtie toujours ceux qui persécutent les Juifs ». Dans le même esprit, les cardinaux von Galen et von Preysing, évêques de Münster et de Berlin, proposent, en 1936, à Mgr Pacelli de saisir l'occasion des Jeux olympiques de Berlin pour dénoncer publiquement le nazisme. C'est alors que Pie XI les convoque à Rome pour préparer la fameuse encyclique *Mit brennender Sorge*, qui est en gestation depuis 1934.

Voici quelques extraits de cette « Encyclique... sur la situation de l'Église catholique dans l'Empire allemand » proclamée le 14 mars 1937[1] *:*

---

1. Le texte intégral est consultable à l'adresse suivante : http://lesbonstextes.ifastnet.com/pximitbrennendersorge.htm

*« C'est avec une vive inquiétude (*Mit brennender Sorge*) et un étonnement croissant que depuis longtemps Nous suivons des yeux les douloureuses épreuves de l'Église et les vexations de plus en plus graves dont souffrent ceux et celles qui lui restent fidèles par le cœur et la conduite, dans le pays et parmi le peuple auxquels saint Boniface a porté autrefois le lumineux message, la bonne nouvelle du Christ et du Royaume de Dieu.*

Lorsqu'en été 1933, Vénérables Frères, Nous acceptâmes la négociation d'un concordat, (…) Nous étions guidé par le souci, que Notre devoir Nous impose, d'assurer en Allemagne la liberté de la mission bienfaisante de l'Église et le salut des âmes qui lui sont confiées, mais encore par le désir sincère de rendre au peuple allemand un service essentiel pour son développement pacifique et sa prospérité.

C'est pourquoi, en dépit de nombreuses et graves considérations, Nous Nous sommes alors décidé à ne pas lui refuser Notre consentement. Nous voulions épargner à Nos fidèles fils et filles d'Allemagne, dans la mesure des possibilités humaines, les angoisses et les souffrances que dans l'autre hypothèse les circonstances du temps faisaient prévoir avec pleine certitude. Nous voulions prouver à tous par des actes que, cherchant uniquement le Christ et les intérêts du Christ, Nous ne refusions pas de tendre la main pacifique et maternelle de l'Église à quiconque ne la repousse pas.

Si l'arbre de paix, planté par Nous en toute pureté d'intention dans la terre allemande, n'a pas produit les fruits que, dans l'intérêt de votre peuple, Nous désirions si ardemment, personne au monde, ayant des yeux pour voir et des oreilles pour entendre, ne pourra dire aujourd'hui que la faute en est à l'Église ou à son Chef. Les expériences des dernières années mettent les responsabilités en pleine lumière : elles révèlent des intrigues qui dès le début ne visaient qu'à une guerre d'extermination. […]

Quiconque prend la race, ou le peuple, ou l'État, ou la forme de l'État, ou les dépositaires du pouvoir, ou toute autre valeur fondamentale de la communauté humaine – toutes choses qui tiennent dans l'ordre terrestre une place nécessaire et honorable –, quiconque prend ces notions pour les retirer de cette échelle de valeurs, même religieuses, et les divinise par un culte idolâtrique, celui-là renverse et fausse l'ordre des choses créé et ordonné par Dieu : celui-là est loin de la vraie foi en Dieu et d'une conception de la vie répondant à cette foi. […]

Nous vous remercions, Vénérables Frères, Nous remercions vos prêtres et tous vos fidèles, qui, dans la défense des droits de la Divine Majesté contre un nouveau paganisme agressif, et favorisé, hélas, de bien des manières par des hommes influents, ont rempli et continuent à remplir leur devoir de chrétiens. […]

Qui veut voir bannies de l'Église et de l'école l'histoire biblique et la sagesse des doctrines de l'Ancien Testament blasphème le Nom de Dieu, blasphème le plan de salut du Tout-Puissant, érige une pensée humaine étroite et limitée en juge des desseins divins sur l'histoire du monde. […]

Il vous faudra veiller d'un œil particulièrement attentif, Vénérables Frères, à ce que les concepts religieux fondamentaux n'en viennent pas à être vidés de leur contenu essentiel et détournés vers un sens profane.

"Révélation", au sens chrétien du mot, désigne la parole dite par Dieu aux hommes. Employer ce même mot pour les "suggestions" du sang et de la race, pour les irradiations de l'histoire d'un peuple, c'est, à coup sûr, créer une équivoque. Une fausse

monnaie de cette sorte ne mérite pas de passer dans l'usage des fidèles du Christ.

La "foi" consiste à tenir pour vrai ce que Dieu a révélé et propose par son Église à la croyance des hommes. C'est la "conviction solide des choses invisibles" (Hébr., XI, 1). La joyeuse et fière confiance dans l'avenir de son peuple, qui tient au cœur de chacun, signifie tout autre chose que la foi dans le sens religieux du mot. Donner l'un pour l'autre, vouloir remplacer l'un par l'autre, et exiger là-dessus d'être reconnu par les disciples du Christ comme un "croyant", c'est un jeu de mots vide de sens, quand ce n'est pas la confusion voulue des concepts, ou quelque chose de pire.

"Immortalité", dans le sens chrétien, veut dire : continuation de la vie de l'homme après la mort terrestre, dans sa personnalité individuelle, pour son éternelle récompense, ou pour son éternel châtiment. Quiconque ne veut désigner par le mot "immortalité" que la continuation ici-bas de la vie collective dans la durée de son peuple pour un avenir d'une longueur indéterminée, celui-là renverse et falsifie l'une des vérités fondamentales de la foi chrétienne, il touche aux bases mêmes de la conception religieuse de l'univers, qui exige un ordre moral dans le monde. S'il ne veut pas être chrétien, qu'il renonce au moins à enrichir le vocabulaire de son incroyance en puisant au trésor des concepts chrétiens. […]

Des milliers de voix font retentir aujourd'hui à vos oreilles un Évangile qui n'a pas été révélé par le Père des cieux. Des milliers de plumes écrivent au service d'un prétendu christianisme qui n'est pas le christianisme du Christ. La presse et la radio vous envahissent quotidiennement de pro-

ductions hostiles à la foi et à l'Église, impudemment agressives envers tout ce qui doit vous être le plus vénérable et le plus sacré. [...]

Nul ne songe, certes, à barrer la route qui doit conduire la jeunesse allemande à la constitution d'une vraie communauté ethnique, dans le noble amour de la liberté, l'inviolable fidélité à la patrie. Ce contre quoi Nous Nous élevons, et Nous devons Nous élever, c'est l'antagonisme volontairement et systématiquement suscité entre ces préoccupations d'éducation nationale et celles du devoir religieux. Voilà pourquoi, nous crions à cette jeunesse : Chantez vos hymnes à la liberté, mais n'oubliez pas pour autant la liberté des enfants de Dieu. Ne laissez pas la noblesse de cette irremplaçable liberté s'avilir dans l'esclavage du péché et de la sensualité.

Qui chante l'hymne de la fidélité à la patrie terrestre ne doit pas, par l'infidélité à son Dieu, à son Église, devenir un déserteur et un traître à sa patrie céleste. On vous parle beaucoup de la grandeur héroïque, que l'on oppose consciemment et mensongèrement à l'humilité et à la patience évangéliques. Pourquoi donc vous taire qu'il y a aussi un héroïsme des luttes morales ? que la conservation de l'innocence baptismale constitue un haut fait d'héroïsme qui devrait recevoir dans l'ordre religieux, et naturel aussi, l'hommage qu'il mérite ? On vous parle beaucoup des faiblesses humaines qui ternissent l'histoire de l'Église. Pourquoi donc vous taire les exploits qui jalonnent sa route au cours des siècles, les saints qu'elle a enfantés, la bénédiction qui a découlé pour la civilisation occidentale de l'union vivante entre cette Église et votre peuple ? [...] »

Hubert Wolf : Cette encyclique est la seule de ce pontificat rédigée en allemand. La première ébauche, rédigée par Mgr von Faulhaber, est ensuite retravaillée par Pacelli qui fait de plus usage des travaux préliminaires que le Saint-Office a menés les trois années précédentes sur *Mein Kampf.* Cette encyclique, qui dénonce les violations du concordat, la subversion des valeurs chrétiennes et, plus globalement, l'idéologie païenne du national-socialisme, paraît presque en même temps que l'encyclique *Divini Redemptoris* (19 mars), contre le communisme athée.

Si l'Église rejette ces deux formes de totalitarisme, il est à noter qu'elle ne dit pas un mot de l'antisémitisme. Ce ne sont pas là les paroles tant attendues du pape contre la persécution des Juifs.

Philippe Levillain : On pourrait presque dire que cette encyclique n'est pas tant antinazie qu'antipaïenne. Conformément au vœu de Pie XI, elle ne mentionne jamais expressément Hitler, mais expressément les conséquences de l'hitlérisme sur les civilisations et notamment sur les races. L'encyclique, qui est bien entendu boycottée par la presse allemande, est cependant lue dans les églises.

Elle pèsera très lourd dans les décisions de Mgr Pacelli quand il sera devenu Pie XII. Il considérera qu'en tant qu'auteur véritable de *Mit brennender Sorge* (avec l'aide du père Lieber, s.j.), il a une fois pour toutes condamné l'esprit du nazisme, son autoritarisme païen et matérialiste, sa civilisation de l'antéchrist plus violente que celle du fascisme. Pour lui, il n'y aurait pas de sens à répéter ce qui a été dit en 1937. Il croit qu'une fois la parole prononcée, le texte est lu, médité, qu'il a un effet de prolongation naturelle, qu'il existe en tant que tel et que l'on doit s'y référer.

Une autre encyclique aurait cependant dû compléter *Mit brennender Sorge* : intitulée *Humani Generis Unitas* (« Sur l'unité du genre humain »), elle avait été préparée par le jésuite américain John LaFarge à partir de 1938, à la demande de Pie XI. Cette encyclique condamnait tous les racismes, aussi bien l'antisémitisme nazi que la ségrégation raciale aux États-Unis. Le cardinal Tisserant a témoigné qu'une version bien avancée était littéralement sur le bureau de Pie XI le jour de sa mort, le 10 février 1939. Pie XII ne la publiera jamais. D'un point de vue pontifical, on peut comprendre qu'un pape ne puisse reprendre à son compte un projet d'encyclique commandé par un prédécesseur. Néanmoins, Pie XII s'en inspirera fortement pour sa première encyclique, *Summi Pontificatus*. Publiée le 20 octobre, au lendemain de l'invasion de la Pologne, elle célèbre l'unité du genre humain et dénonce le racisme, le totalitarisme, la destruction de la Pologne, le pacte Molotov-Ribbentrop. *Humani Generis Unitas* ne sera rendue publique qu'en 1995 par les pères Georges Passelecq[1] et Bernard Suchecky.

1. *L'Encyclique cachée de Pie XI. Une occasion manquée de l'Église face à l'antisémitisme*, La Découverte, 1995. Moine de l'abbaye de

Hubert Wolf : Au fil de son pontificat, plus Pie XI prend conscience de ce qui se passe en Allemagne concernant les persécutions des Juifs, plus il réalise la teneur des projets de Hitler, plus Mussolini s'approprie les idées antisémites et racistes, et plus le pape a envie d'agir contre Hitler. En septembre 1938, recevant un groupe de pèlerins allemands, il admoneste ainsi : « Non ! Non, je vous le dis, il est impossible pour un chrétien de prendre part à l'antisémitisme. C'est inadmissible ! À travers Christ et en Christ, nous sommes la progéniture d'Abraham. Nous sommes tous spirituellement des Sémites. »

Père Peter Gumpel, s.j. : *Mit brennender Sorge* déclare clairement qu'on ne peut pas faire confiance à Hitler. Pourtant, l'année suivante, pour résoudre la crise des Sudètes, la France, l'Angleterre, l'Italie et l'Allemagne se rencontrent à Munich et reconnaissent leur annexion par Hitler ; à la sortie de cette conférence, Hitler et Chamberlain affirment avoir « construit la paix pour toutes les années à venir ». C'est incompréhensible ! Ils savent que Hitler a violé toutes les clauses

---

Maredsous, Georges Passelecq, ancien déporté dans le camp de concentration de Dachau, fut secrétaire de la Commission catholique pour les relations avec le judaïsme à partir de sa création par la Conférence épiscopale belge en 1969. Bernard Suchecky est un historien belge spécialiste du monde yiddish, auteur notamment de *Résistances juives à l'anéantissement*, éd. Luc Pire, 2007.

du concordat et néanmoins, un an plus tard, ils lui font encore confiance ? Comment expliquer cela ?

Au Vatican, on s'est toujours méfié de lui. Lorsque Hitler est de passage à Rome en mai 1938, Pie XI et Eugenio Pacelli quittent ostensiblement le Vatican pour Castel Gandolfo, la résidence d'été des papes, afin de ne pas avoir à le rencontrer. De même, il n'y a jamais eu de rencontre personnelle entre Hitler et Pie XII, et ce dernier n'enverra au Führer qu'une seule lettre, le jour de son accession au trône de saint Pierre – l'usage protocolaire exige qu'un pape qui vient d'être élu écrive à tous les gouvernements avec lesquels le Saint-Siège entretient des relations diplomatiques. Cette lettre est un chef-d'œuvre de diplomatie : il y parle avec estime du peuple allemand mais jamais il ne mentionne Hitler.

VI.

Le prix du silence

Le 12 mars 1938, Hitler annexe l'Autriche. Pacelli mène une diplomatie active afin de soutenir les catholiques autrichiens persécutés du fait de leur résistance au Reich. L'Osservatore Romano *dénonce le « terrorisme de marque nazie [...] les crapules qui veulent imposer leur doctrine politique par la violence [...] la barbarie érigée en méthode de politique internationale ».*

Le 10 février 1939, Pie XI meurt ; le 2 mars, le conclave élit à sa succession le cardinal Pacelli, qui prend le nom de Pie XII.

Le 28 avril, Hitler dénonce le pacte de non-agression qui le lie à la Pologne ; le 24 août, les ministres des Affaires étrangères russe et allemand, Molotov et Ribbentrop, signent le pacte germano-soviétique ; le 1er septembre, les troupes allemandes franchissent la frontière polonaise ; le 3 septembre, l'Angleterre, la France, l'Australie et la Nouvelle-Zélande déclarent la guerre à l'Allemagne. La Seconde Guerre mondiale vient de commencer.

Hubert Wolf : Il est clair, dès le début du conclave, que Mgr Pacelli va succéder à Pie XI. Ce dernier, en dépit de leurs mentalités et de leurs caractères si divergents, l'a formé à cela. C'est pour cette raison qu'il en a fait notamment son légat au Congrès eucharistique mondial de Buenos Aires en octobre 1934.

Philippe Levillain : On dit toujours : « Qui entre pape au conclave en ressort cardinal. » C'est faux. Pacelli, comme Ratzinger bien après lui, entre pape au conclave. La France joue un rôle déterminant dans son élection : elle appuie sa candidature, ce qui veut clairement dire qu'elle ne le considère pas comme pro-allemand. Les dirigeants de l'époque font preuve d'une grande lucidité, y compris les dirigeants du Front populaire, que Pacelli rencontre à Lisieux en 1937 au moment d'une visite comme légat apostolique et qui le considèrent comme un homme de conciliation. Si Pie XII est élu avec le soutien des cardinaux français dont le cardinal Verdier, archevêque de Paris et sulpicien, c'est donc parce que l'on sait que c'est un fin diplomate et que l'on espère sa médiation – cette même médiation qu'on lui avait refusée en 1917...

Pie XII est à l'époque profondément persuadé que la Chrétienté est menacée par l'expansion allemande et le nazisme. Les deux piliers sur lesquels il compte appuyer son autorité et pouvoir continuer à favoriser le catholicisme en Europe et dans le monde sont l'Angleterre et la France, deux empires coloniaux au rayonnement planétaire. La défaite de la France en juin 1940 marquera pour lui un moment de conversion radicale à un autre type de vision géopolitique que l'on dira plus tard « atlantiste », fondant tous ses espoirs sur les États-Unis.

Père Peter Gumpel, s.j. : Quand Hitler envahit la Pologne, le pape proteste contre les atrocités commises par la Gestapo et les *Einsatzgruppen*, ces escadrons de la mort SS qui massacrent les Juifs, en particulier les intellectuels, et de nombreux prêtres. Le cardinal August Hlond, primat de Pologne, dénonce sur Radio Vatican, en janvier 1940, les crimes nazis en Pologne. Hitler, furieux, donne l'ordre de brouiller les ondes de Radio Vatican. À la suite de ce discours, quand les évêques polonais protestaient auprès des autorités d'occupation allemandes, celles-ci répondaient : « Vous pouvez remercier votre cardinal qui nous attaque publiquement… » Des évêques polonais ont alors supplié le Vatican de ne plus diffuser ce genre de discours dont ils payaient les conséquences.

Il faut que je rapporte ici un fait peu connu. Environ six semaines après l'invasion de la Pologne, Hitler veut attaquer la France. Certes, la France et l'Allemagne sont déjà en guerre, mais il n'y a pas d'affrontements : c'est ce qu'on appelle la « drôle de guerre ». Des généraux allemands, menés par le général Ludwig Beck – qui avait été démis avant la guerre de son poste de commandant suprême de l'armée de terre pour avoir refusé l'invasion militaire des Sudètes –, ne sont pas d'accord : ils pensent qu'un tel choc frontal avec l'armée alors considérée comme la meilleure du monde signera la fin de l'Allemagne. Ils sont, de plus, épouvantés par les atrocités commises en Pologne et se résolvent, dès lors, à « éliminer » Hitler – pas physiquement, mais à le faire arrêter et, soit à le faire interner, soit à le faire passer en jugement pour ses nombreuses violations de la Constitution allemande.

Pour autant, ils hésitent sur la méthode. « Si nous réussissons à arrêter Hitler, se disent-ils, nous devons prévoir que les SA, les SS, etc., réagiront et que nous devrons faire face à une guerre civile entre Allemands. Pis, il y a un risque que les Français et les Anglais tirent profit de la situation et envahissent l'Allemagne. Nous devons à tout prix éviter un autre traité de Versailles. Pour cela, il faut nous mettre d'accord avec l'Angleterre. » Or, il se trouve que le général Ludwig Beck avait connu Eugenio Pacelli quand ce dernier était encore nonce. Ils entretiennent de bons rapports et Beck sait que Pacelli est hostile aux nazis. Les conjurés décident donc d'envoyer à Rome un intermédiaire qui traitera, non pas directement avec Pie XII – il faut surtout éviter de compromettre le pape –, mais avec deux membres de son entourage. Ces deux personnes informent à leur tour le pape et lui demandent de profiter de sa neutralité pour prendre contact avec le gouvernement anglais et d'en obtenir l'assurance que, si la neutralisation d'Hitler réussit, les Alliés n'envahiront pas l'Allemagne.

Évidemment, en acceptant de jouer les intermédiaires entre les conjurés et les alliés, Pie XII sort de la neutralité à laquelle il était tenu par les accords du Latran. Ses collaborateurs, et même son secrétaire privé, trouvent que le pape exerce un rôle trop dangereux ; mais celui-ci rétorque : « Si nous pouvons mettre fin à la guerre, éviter la mort de millions de soldats et mettre fin au gouvernement diabolique de Hitler, je suis prêt à prendre cette responsabilité. »

Les pourparlers durent plusieurs mois. Les Anglais se méfient et veulent connaître le nom de ces généraux. Ils disent : « Nous ne pouvons pas prendre des engagements de ce genre sans l'accord de nos alliés français » et informent donc ces derniers. Mais l'insistance des Anglais à connaître l'identité de leurs interlocuteurs se heurte au refus de Pie XII, ce qui fait échouer la conjuration. Pie XII connaissait ces noms ; mais il savait aussi que si l'identité des conspirateurs était rendue publique, ils seraient arrêtés et aussitôt fusillés. Le général Beck et ses associés ont dû remettre leur plan à plus tard : ils seront à la tête de l'assassinat manqué contre Hitler le 20 juillet 1944.

Comment expliquer la longue surdité du Saint-Siège aux appels au secours des victimes de l'antisémitisme et aux nombreuses demandes d'une condamnation publique par le pape ?

Philippe Levillain : Est-ce de la surdité ou de la prudence ? Telle est, en vérité, la question. Il est de règle, au Saint-Siège, d'adopter une politique de prudence extrême – aujourd'hui, on appellerait cela de la procrastination. On craint plus que tout les fausses informations, les rumeurs – alors que le Saint-Siège est probablement mieux renseigné que le KGB et la CIA... Malheureusement, le Saint-Siège attend que les faits s'accumulent avant de prendre une position qu'il saura inattaquable au-delà de tout doute raisonnable. De plus, on l'a dit, le Saint-Siège ne peut pas ne pas avoir comme souci la sécurité des catholiques, qu'il est susceptible de mettre en danger à chaque intervention.

Il faut ici distinguer entre l'antisémitisme, entendu comme doctrine raciale, et l'antijudaïsme de l'Église, qui est de nature religieuse. Pour comprendre ce dernier, il faut considérer que le judaïsme et le christianisme sont les deux branches d'une même tradition religieuse : on pourrait presque parler de « judaïsme mosaïque » et de « judaïsme paulinien ». La polémique de l'Église contre le judaïsme, pour violente qu'elle ait été dans ses termes au cours de l'Histoire – et elle l'est encore avant-guerre –, ne prend sens que si elle est comprise comme un débat interne à la religion biblique. Pour l'Église, le judaïsme n'est pas une religion étrangère ; plus exactement, elle ne méconnaît la singularité de la religion juive que, précisément, parce qu'elle se refuse à voir dans les Juifs des étrangers à la foi biblique dont elle se réclame. C'est ce contexte théologique qui permet de comprendre pourquoi, dans le discours du Saint-Siège et des évêques, à cette époque, coexistent des mots très durs contre les « Juifs perfides » qui ont « crucifié le Christ et le maudissent encore chaque jour » et la condamnation comme blasphème du « christianisme positif » qui prétend répudier la « Bible juive » et qui fait du Christ un aryen. C'est précisément ce que veut dire Pie XI quand il déclare que « nous sommes tous, spirituellement, des Sémites » : l'antijudaïsme, en tant que querelle familiale, est diamétralement opposé à l'antisémitisme qui fait des Juifs une race étrangère à l'humanité.

Malgré tout, il est bien certain qu'on compte à l'époque beaucoup de personnes dans l'épiscopat et jusqu'au Saint-Siège qui, sans verser dans le « christianisme positif », s'approprient sans complexe le discours antisémite qu'ils comprennent, à mon avis à tort, comme l'expression « moderne », « scientifique » même, de l'antijudaïsme classique de la doctrine catholique. La distinction indispensable entre antijudaïsme et antisémitisme n'est pas faite à l'époque, faute de véritable réflexion philosophique sur la question. La preuve en est l'adhésion de Heidegger au nazisme : que quelqu'un qui réfléchit si puissamment sur l'Être en vienne à accepter la persécution de l'Être à travers la « philosophie politique » de Hitler est le symptôme d'un grave déficit de pensée.

Francesco Margiotta-Broglio : On ne peut pas dire que l'Italie de l'époque ait l'antisémitisme chevillé au corps. Il est surtout cantonné à certains cercles intellectuels de droite. La revue jésuite *La Civiltà cattolica* avait, certes, été très antisémite à la fin du XIXe siècle ; mais, à partir de 1934 et sous l'impulsion de Pie XI, elle publie de nombreux articles dénonçant l'antisémitisme racial et avait été l'une des seules à dénoncer les lois raciales italiennes de 1938. Cela n'avait pas empêché le secrétaire général du parti fasciste, Roberto Farinacci, de compiler, à l'époque, un recueil de tous les articles antisémites de *La Civiltà cattolica* pour démontrer que l'antisémitisme n'était pas tant fasciste que catholique...

En 1942, Mgr Sapieha, archevêque de Cracovie, qui sera fait cardinal par Pie XII en 1946, adresse au pape une lettre dramatique décrivant les violentes persécutions subies par les catholiques polonais et le supplie de condamner publiquement les nazis. Le cardinal-secrétaire d'État, Maglione, lui déconseille toute forme de condamnation publique qui serait aussitôt « exploitée à des fins politiques ». Pie XII lui écrit de même, en avril, dans une lettre personnelle : « Nous laissons aux pasteurs sur place le soin d'apprécier le danger [...] et Nous conseillons la réserve afin d'éviter des maux plus grands. C'est pourquoi Nous-même Nous imposons la réserve dans Nos déclarations. »

Père Peter Gumpel, s.j. : Je me trouvais dans une église aux Pays-Bas, ce dimanche 26 juillet 1942, lorsque a été lue, comme dans toutes les autres églises du pays, la lettre de la conférence des évêques d'Utrecht dénonçant le nazisme et la déportation des Juifs. J'avais dix-huit ans et ma réaction a été partagée. J'éprouvai d'abord une immense admiration pour ces évêques qui, malgré l'occupation allemande, avaient le courage de protester publiquement, non pas pour les catholiques mais pour les Juifs. Ma seconde réaction fut très différente. Je me suis dit : « Mon cher archevêque, est-ce que tu te rends compte de ce que tu viens de faire ? Je connais les nazis : ils réagiront violemment. » Et c'est malheureusement ce qui s'est passé.

Quelques jours après, le 2 août, le gouvernement d'occupation déclara, par voie de presse : « Si l'Église catholique pense qu'elle peut tout se permettre contre nous, nous lui donnerons, ici même, aux Pays-Bas, la leçon qu'elle mérite. En conséquence, les déportations de Juifs ne seront pas arrêtées, mais bien au contraire accélérées. Deuxièmement, nous n'avions aucune intention de déporter les Juifs baptisés dans l'Église catholique ; désormais, ils seront les premiers à être déportés. » Edith Stein fit partie de ces groupes de Juifs catholiques arrêtés les jours suivants, déportés et gazés à Auschwitz.

Cette déclaration des évêques des Pays-Bas eut également pour conséquences l'arrestation d'un grand nombre de prêtres, la confiscation de beaucoup d'édifices, dont une partie de l'université, ce qui a empêché les catholiques de cacher nombre de Juifs, et l'interdiction de toutes les publications catholiques, journaux, revues et livres. Beaucoup de prêtres ont fini en prison ou dans les camps de concentration. Ces événements des Pays-Bas ont largement influencé l'attitude ultérieure de Pie XII : quand une personne sait qu'une protestation publique n'aura que des conséquences négatives, doit-elle, malgré tout, faire cette protestation ? Serait-ce responsable ?

Dans son message radiodiffusé de Noël 1942, Pie XII appelle à la fin de la guerre, au respect de la dignité humaine et, en fin de discours, évoque à demi-mot « les centaines de milliers de personnes qui, sans faute de leur part, parfois seulement en raison de leur nationalité ou de leur race, sont vouées à la mort ou à dépérir peu à peu ». Il ne condamne pas explicitement l'antisémitisme, ni ne mentionne explicitement l'extermination des Juifs.

« Ce fut court, mais ce fut bien compris », dit Pie XII à l'archevêque de Berlin.

Philippe Levillain : Il est évident que cette parole-là ne pouvait pas passer dans l'opinion de l'époque, qu'elle risquait d'être interprétée comme une simple incidente. Cela pose le problème du langage du Saint-Siège, qui est un langage traditionnel, théologique, en référence constante aux Pères de l'Église, à l'Ancien Testament, aux saints, aux écrits des grands théologiens, un langage codifié qui foisonne de sous-entendus – et, de ce fait, de malentendus. De plus, en cette époque où les médias de masse commencent à imposer leur rythme d'informations, ce langage est de moins en moins compris.

Pendant toute la guerre, Pie XII se flagelle, porte un cilice, jeûne : cela peut paraître moyenâgeux, mais telle est la spiritualité d'un pontife qui veut participer dans son corps au martyre de l'humanité, à l'image du Christ crucifié. Mais comment expliquer cela à un monde déchristianisé, indifférent, pour ne pas dire sarcastique ?

Il est vrai que le Saint-Siège laisse sciemment se dérouler, sans protester, les premières persécutions contre les Juifs, comme aux Pays-Bas, en jugeant que son rôle est avant tout de protéger les catholiques ; à chaque pays de protéger « ses » Juifs, comme le Vatican protège d'ailleurs les Juifs romains. Je dis bien « persécutions » : durant la guerre, malgré les avertissements qui parviennent au Saint-Siège, ce dernier est incapable, tout comme le sont les autres puissances, de réaliser qu'on n'est pas dans une logique de persécutions, mais d'extermination systématique. La Shoah, c'est quelque chose d'encore absolument inimaginable pour nous, qui en connaissons pourtant la réalité ; alors, pour ses contemporains…

Pie XII mesure-t-il à quel point Hitler est maléfique, au-delà même de tout ce qu'on pouvait imaginer ?

Père Peter Gumpel, s.j. : En vérité, à partir d'un certain moment, Pie XII est convaincu que Hitler est possédé par le Diable. Cela est démontré dans la mesure où l'on a des témoignages selon lesquels il a pratiqué sur lui des exorcismes. Quand il apprend toutes les atrocités commises, sur ordre de Hitler, contre les Polonais et contre les Juifs, il en conclut que ce n'était pas une œuvre humaine mais l'œuvre du Démon. Et donc, comme le racontent plusieurs témoins oculaires, plusieurs nuits de suite – il travaille jusqu'à deux heures du matin –, il va à la fenêtre, fait un grand signe de croix, et exorcise Hitler à distance. Je ne savais pas qu'on pouvait faire des exorcismes à distance – il y avait quand même mille cinq cents kilomètres entre lui et Hitler –, mais il l'a fait.

Il a été envisagé de mettre à l'index Mein Kampf *en même temps que le livre raciste de Rosenberg,* Le Mythe du xxe siècle. *Cela aurait-il changé quelque chose ?*

Qui avait, alors, lu *Mein Kampf* ? En vérité, presque personne, même dans les milieux intellectuels allemands ou dans la classe politique française, alors que tout – le totalitarisme, la guerre, l'extermination des Juifs – y est programmé dès 1923. Chamberlain avouait, au moment de la conférence de Munich en 1938, n'avoir jamais lu *Mein Kampf*; ne parlons pas des autres... Eugenio Pacelli, lui, l'avait lu. Le problème est de savoir ce qu'il en avait retenu ; probablement un projet fou, diabolique et auquel les Allemands, qu'il admirait tant, n'adhéreraient jamais. Pacelli nourrissait une grande admiration pour le peuple et la culture allemands, et tout ce qui pouvait défigurer, dénaturer la pensée, la philosophie, le peuple allemands, lui apparaissait sinon anecdotique, en tout cas relever de la folie furieuse. Or ce programme a été appliqué. Les carnets de Pacelli qui vont être publiés prochainement vont certainement apporter un éclairage intéressant sur ce que pense ce germanophile quand il constate que cette civilisation va être niée par un programme fou, paranoïaque.

En Autriche, le Vatican octroie des visas d'émigration à soixante mille Juifs convertis au catholicisme. En secret, il encourage les monastères, séminaires, congrégations, universi-

tés, y compris certains couvents cloîtrés, à cacher des familles juives. Le Saint-Siège utilise aussi ses bonnes relations avec la diplomatie espagnole pour sauver des Juifs. Nicolás Franco, frère aîné du Caudillo espagnol, planifie, de concert avec les organisations juives, l'aide apportée par les ambassadeurs d'Espagne, notamment à Budapest, à Salonique et à Paris.

Le 16 octobre 1943, à Rome, une grande rafle de Juifs se déroule sous les yeux du pape. Averti dès la première heure, le pape intervient par l'intermédiaire de deux prélats allemands de son entourage et, trois jours plus tard, convoque l'ambassadeur du Reich pour le menacer de protester publiquement. La menace porte et la rafle est suspendue. Mille Juifs romains, dont neuf cents femmes et enfants, sont déjà partis pour Auschwitz ; les sept mille restants seront cachés, dont six mille dans des institutions ecclésiastiques, y compris près de cinq cents au Vatican même.

Francesco Margiotta-Broglio : Enfant, je vivais à Rome et je me rappelle la trouille que les SS nous inspiraient. Nous habitions très près du ghetto et dans notre immeuble vivaient trois familles juives. Beaucoup s'étaient cachés, mais pas les personnes âgées ; et ils sont venus chercher même les personnes âgées… On ne s'attendait pas à ça. Et il y avait la peur, la peur… une peur terrible parce qu'on ne savait pas où cela allait s'arrêter : on pensait qu'ils commençaient avec les Juifs et qu'après, ce serait notre tour… La population romaine a essayé de cacher tous ceux qu'elle a pu. Les organisations ecclésiastiques ont caché beaucoup de Juifs. Elles ont fait ce qu'elles pouvaient. Mais le Vatican n'a pas vraiment condamné publiquement le nazisme. En 1949, après la guerre, il excommuniera les communistes. Il n'a pas excommunié les nazis.

Philippe Levillain : On peut sans doute regretter que le Saint-Siège n'ait pas condamné le nazisme avec la même fermeté que le communisme quelques années plus tard. Il a été freiné par sa traditionnelle prudence et par sa crainte de provoquer la mort définitive de la Chrétienté européenne s'il s'opposait frontalement au Reich allemand. Il ne faut pas oublier que, jusqu'en 1943, presque tout le monde était persuadé que la victoire définitive du nazisme était assurée. S'il n'a pas non plus excommunié le nazisme à partir de 1944, c'est, à mon avis, parce qu'il a mis beaucoup de temps à mesurer ce que représentait la persécution des Juifs, alors que son opinion sur le totalitarisme communiste était depuis longtemps forgée. Alors oui, si le Saint-Siège avait pris ce que nous savons aujourd'hui être la juste mesure de la Shoah, s'il avait dénoncé publiquement Hitler, il serait aujourd'hui la plus grande puissance diplomatique du monde, l'arbitre incontournable de tous les conflits – mais ça, c'est de l'histoire-fiction… Le pouvoir temporel de la papauté est très limité par rapport à celui des États-Unis et de l'Angleterre ; or Roosevelt et Churchill, à qui il a été demandé à maintes et maintes reprises de bombarder les voies ferrées qui menaient vers les camps de la mort, ne l'ont pas fait non plus. Ce qui était fondamental, c'était de gagner la guerre. Il est certain aujourd'hui que la parole pontificale aurait eu un poids considérable, ne serait-ce que pour conforter la résistance des catholiques. Mais on ne peut pas dire que Pie XII soit responsable de la Shoah. On peut seulement se demander s'il aurait pu faire plus.

VII.

Croisade espagnole

*La guerre civile espagnole de 1936 est en réalité la seconde du genre. En 1812, au cours de la guerre de libération de la péninsule contre les armées napoléoniennes, les Cortes (le Parlement) avaient adopté une Constitution libérale établissant une monarchie constitutionnelle et parlementaire, le suffrage universel, la liberté de la presse et la libre entreprise. La restauration du roi Ferdinand VII en 1814 avait rapidement signé le retour à la monarchie absolue, mais ce rejet de la Constitution avait provoqué les guerres d'indépendance des colonies d'Amérique. En 1820, l'une des armées qui devait mater la rébellion au Nouveau Monde se mutina, avant d'embarquer. Les insurgés imposèrent au roi la Constitution de 1812. S'ensuivirent, trois ans durant, un premier épisode de gouvernement libéral (*Trienio liberal*) et une guerre civile sanglante qui prit fin en 1823 lorsque les armées du roi Louis XVIII, mandaté par la Quadruple Alliance (France, Angleterre, Pays-Bas et Autriche), envahirent l'Espagne et rétablirent Ferdinand VII en monarque absolu.*

Ce premier épisode devait donner le ton de l'histoire espagnole pour un siècle et demi. Les épisodes de révolution et de réaction se succèdent rapidement : première guerre carliste (du nom du frère de Ferdinand VII, Carlos, écarté de la succession et partisan d'un régime réactionnaire) en 1833-1839, puis tentatives de réforme libérale du général Espartero, régent démis en 1843 ; deuxième guerre carliste en 1846-1849, « révolution glorieuse » et progressiste en 1866 qui pousse la reine Isabelle II à l'exil ; choix d'un nouveau roi, Amédée de Savoie, en 1871, après des années d'anarchie, puis démission de ce nouveau roi en 1873 et proclamation de la Ire République espagnole ; retour du fils d'Isabelle II, Alphonse XII, comme roi en 1874 ; perte des dernières colonies d'Amérique en 1899, puis du Maroc espagnol en 1921 ; dictature de Miguel Primo de Rivera durant le règne d'Alphonse XIII, puis IIe République en 1931.

Père Vicente Cárcel Ortí, s.j. : Au XIXe siècle, l'Espagne vit des moments d'exaltation révolutionnaire suivis de fortes réactions antirévolutionnaires. Dans ce climat, on commence à voir apparaître un phénomène que l'on connaît déjà mais qui va véritablement éclater au XIXe : il s'agit de l'anticléricalisme, autrement dit une réaction violente, voire très violente, contre un cléricalisme trop fort, trop insistant, trop ancré dans la société.

« L'Espagne catholique » est une légende de l'histoire. La monarchie étant de confession catholique, on a cru que toute l'Espagne était catholique. Même la Constitution libérale de 1812 participait de cette illusion, qui commençait au nom de la Sainte Trinité : « Au nom du Père, du Fils et du Saint-Esprit »… Les évêques étaient présents aux Cortes, c'est-à-dire au Parlement espagnol. Ils occupaient des postes de sénateurs ou de députés et intervenaient également dans l'enseignement universitaire et scolaire à travers des commissions d'enseignement. L'Église était aussi présente à travers la charité qu'elle pratiquait et par son travail dans les hôpitaux. En définitive, presque toute la société était conditionnée par la présence du clergé. Mais cela ne signifie pas pour autant que toute la population espagnole acquiesçait à cette symbiose entre l'Église et l'État ; au contraire, pour beaucoup, elle ne faisait qu'exacerber le sentiment de révolte.

Guy Hermet, historien : L'Espagne, pendant la première guerre civile de 1820-1823, avait connu des incendies d'églises, des meurtres de prêtres, des violences. L'anticléricalisme est une très vieille histoire. Au milieu du XIXe siècle, l'Église était perçue comme prenant complètement le parti de la bourgeoisie ; c'était vrai dans d'autres pays également, mais c'était particulièrement flagrant en Espagne où les clivages sociaux étaient beaucoup plus marqués qu'en France ou dans l'Europe du Nord en général. De ce fait, le prolétariat espagnol s'est senti complètement abandonné par la religion.

En réalité, il y avait en Espagne non pas un prolétariat, mais *des* prolétariats bien différents, même si la majorité avait au moins ce point commun d'être fortement anticléricale. Le premier d'entre eux était le prolétariat agricole, surtout présent dans le Sud – Andalousie, Estrémadure – mais aussi en Castille et au centre. Ces millions d'ouvriers agricoles sans terre vivaient dans d'énormes bourgades qui, bien qu'elles puissent compter jusqu'à vingt mille habitants, restaient des gros villages. Dans ces campagnes, c'étaient les grands propriétaires terriens qui étaient les catholiques, les cléricaux ; il n'existait pas de prolétariat paysan catholique, tous étaient anticléricaux. Ils ressentaient une haine violente non seulement contre le clergé mais contre tous ces riches qui allaient à la messe.

Le deuxième prolétariat était celui de l'industrie ; d'apparition beaucoup plus récente, il était surtout développé en Catalogne et, à partir de 1870 environ, était contrôlé très largement par les anarchistes. Ce deuxième prolétariat se plaçait hors du champ démocratique dans la mesure où les anarchistes ne cherchaient pas à participer au gouvernement mais à abattre l'État. Ce mouvement, est-il besoin de le préciser, était encore plus radicalement anticlérical. En revanche, d'autres prolétariats industriels, comme les mineurs des Asturies, étaient plus comparables au prolétariat français et beaucoup moins marqués par l'anticléricalisme. Enfin, le prolétariat industriel basque, celui de la sidérurgie et des chantiers navals, était en partie catholique. À partir de 1910, il est encadré par des syndicats catholiques considérés par les anarchistes et les communistes comme des « jaunes ».

Toujours est-il que l'anticléricalisme était largement partagé dans les couches prolétaires ; c'était quelque chose de rentré, violent, haineux.

Père Vicente Cárcel Ortí, s.j. : C'est dans ce contexte qu'éclate, fin juillet 1909 à Barcelone, un événement extrêmement violent : la « semaine tragique ». Pendant quasiment huit jours, la ville de Barcelone est pratiquement dévastée par des actes de violences commis par des socialistes radicaux et des anarchistes. Et, comme au XIXe siècle, les premières cibles sont les églises, les couvents, les lieux sacrés, les prêtres, les religieux. Parce qu'ils symbolisent l'Église, laquelle est perçue comme l'un des principaux soutiens de la monarchie et, plus globalement, de l'État. Si l'on veut abattre la monarchie, il faut s'attaquer à tout ce qui la soutient. Or, si l'Église est influente, elle ne dispose pas d'armes ni de soldats pour se défendre : elle est donc une cible facile… jusqu'à ce que l'armée intervienne et réprime tout cela dans le sang.

Ce conflit reste latent pendant tout le début du siècle. Les difficultés économiques de l'après-guerre, combinées aux ravages de la grippe espagnole et aux revers essuyés dans la colonisation du Maroc, amplifient la crise sociale qui débouche sur la dictature de Miguel Primo de Rivera. Cette dictature dure sept ans, de 1923 à 1930, et mène le pays à la banqueroute. Le roi Alphonse XIII force alors Primo de Rivera à la démission. Le 13 avril 1931, on procède à des élections municipales. Les candidats républicains l'emportent dans les grandes villes : Madrid, Barcelone, Valence et les autres grandes agglomérations, tandis que les royalistes l'emportent dans les petites circonscriptions. En découvrant les rues de Madrid envahies par les drapeaux républicains, le roi prend peur et fuit l'Espagne, abandonnant son pays et laissant le pouvoir aux républicains. Il ne reviendra plus jamais en Espagne. C'est ainsi que, le 14 avril 1931, est proclamée la Seconde République espagnole. Pour la société civile, c'est un coup de massue : nul ne s'attendait à un revirement aussi radical et rapide de la situation politique, en pratiquement vingt-quatre heures. L'Espagne hérite d'une République alors qu'elle n'y a pas été préparée. Et qui détient le pouvoir de cette République ? Les républicains les plus exaltés, les plus violents, les plus anticléricaux !

Face à cette situation, la première réaction de Pie XI est de consulter les cardinaux du Vatican réunis en congrégation des Affaires ecclésiastiques extraordinaires. Au cours de cette réunion, les cardinaux déclarent : « Le gouvernement espagnol est illégitime. L'Espagne est victime d'un coup d'État » ; et le pape rétorque en substance : « Laissons tomber la question de la légitimité, et allons directement au fond des choses. » Pie XI est un pape très pragmatique : il ne veut pas débattre des idéologies. Il reconnaît donc immédiatement la République espagnole et donne l'ordre au clergé local de l'accepter lui aussi et de collaborer avec les autorités républicaines pour le bien commun. Il s'agit de jouer l'apaisement.

Guy Hermet : En Espagne même, le haut clergé, et probablement le bas clergé également, choisit de rester dans l'expectative – la seule exception étant le nord de l'Espagne, où le clergé est très monarchiste et très antirépublicain. Les choses auraient pu se passer en douceur dans la mesure où l'archevêque de Tarragone, numéro deux de l'Église d'Espagne, le cardinal Francisco Vidal y Barraquer, est partisan de la modernisation du catholicisme espagnol et d'une tentative d'entente avec la République. Et puis tout explose quand, le 5 mai, le primat d'Espagne et archevêque de Tolède, le cardinal Pedro Segura y Sáenz, monarchiste furibond et antirépublicain incendiaire, publie une lettre pastorale contre la République. Il y déclare notamment : « Alors que les ennemis du règne de Jésus-Christ s'avancent résolument, aucun catholique ne peut rester impassible... » Cela, contre le gré du Vatican et probablement contre le sentiment plus prudent de la plupart des évêques espagnols.

Père Vicente Cárcel Ortí, s.j. : Le cardinal Segura était un homme de grande vertu, mais... c'était l'intégrisme incarné ! L'intégrisme espagnol, mouvement politique, culturel mais aussi religieux, avait tissé des liens avec d'autres mouvements intégristes d'Europe, comme l'Action française. Dans cette lettre pastorale, il dit certes accepter la République, puisque le pape le lui a ordonné, mais il fait l'éloge du roi catholique et du mythe de l'Espagne catholique. Le Vatican ne sait pas comment réagir face à cette initiative personnelle : d'un côté, il ne peut pas désavouer publiquement le primat d'Espagne, de l'autre il veut absolument éviter d'entrer en conflit avec le gouvernement. C'est toujours vrai aujourd'hui d'une façon générale : le Vatican veut toujours éviter les problèmes avec qui que ce soit.

Le gouvernement espagnol, après en avoir averti le Saint-Siège, donne l'ordre d'expulser d'Espagne le cardinal Segura. Deux policiers viennent l'arrêter et l'embarquent jusqu'au poste frontière d'Hendaye : de là, il se rend à Lourdes avant de monter vers Lisieux, puis de traverser la France pour s'exiler à Rome. Mais

Segura est encore l'archevêque de Tolède en titre : la République demande au pape de lui retirer ce titre. Celui-ci explique qu'il ne peut destituer personne de son titre, et que c'est au principal intéressé d'y renoncer. De son côté, Segura refuse. Des pressions commencent à s'exercer sur lui pour lui faire comprendre que, pour son bien autant que pour celui de l'Espagne, il vaut mieux qu'il se démette de ses fonctions. Après une longue et fastidieuse lutte diplomatique et politique qui a nourri de nombreuses archives au Vatican, le cardinal Segura, par obéissance au pape, finit par signer sa démission d'archevêque de Tolède et de primat d'Espagne. La République espagnole a, dès lors, résolu une partie du problème.

Guy Hermet : La lettre du cardinal Segura a provoqué une réaction anticléricale spontanée, rapidement exploitée, notamment par les anarchistes de la Confédération nationale du travail (CNT). Le grand syndicat anarchiste compte à l'époque en Espagne un million et demi de membres quand, dans le même temps, le Parti communiste en compte dix mille et le syndicat socialiste UGT (Union générale des travailleurs), au plus cinq cent mille. On assiste alors, à Madrid et ailleurs, à de nombreux incendies « spontanés » d'églises. Et tout bascule d'un seul coup.

Père Vicente Cárcel Ortí, s.j. : Le gouvernement – qui est encore provisoire puisqu'il n'y pas encore eu d'élections législatives – adopte, le 9 décembre 1931, une Constitution ouvertement dirigée contre l'Église et les catholiques : le gouvernement interdit l'instruction religieuse, entend contrôler les biens d'Église et fait expulser les jésuites au motif qu'ils prononcent un vœu spécifique d'obéissance au pape, leur fameux « quatrième vœu ».

Contre tout cela, le Saint-Siège proteste, les nonces protestent, les évêques protestent : pour eux, qui étaient disposés à collaborer avec la République, ce n'est pas parce que la monarchie a été abolie que l'Église doit disparaître de la vie espagnole.

Guy Hermet : Les jésuites sont certes la seule congrégation religieuse qui prête serment d'obéissance au pape, c'est-à-dire à un chef d'État étranger. Pour les anticléricaux, c'est comme si, par exemple, chaque communiste français avait en 1947 prêté officiellement serment d'obéissance à Staline. L'argument n'est pas nouveau, il avait déjà servi au XVIIIe siècle à justifier l'expulsion des jésuites du Portugal, d'Espagne, de France et de Parme. La suppression des établissements d'enseignement confessionnels, dans la mesure où la quasi-totalité des collèges et lycées est à l'époque catholique, a pour résultat un effondrement immédiat du système scolaire espagnol. Cela est perçu comme une agression directe, non seulement par la bourgeoisie qui envoie ses enfants dans ces écoles, mais aussi par la classe moyenne globalement acquise à l'Église et toute une partie du petit peuple catholique, comme les paysans du Nord. Pour l'instant, on ne s'attaque qu'aux biens matériels : pillages de couvents, incendies... en particulier dans les régions où les congrégations religieuses sont les plus présentes, c'est-à-dire la Catalogne, Madrid, toute la frange nord atlantique de l'Espagne, ainsi que toutes les capitales de provinces.

Le Saint-Siège cherche malgré tout l'accommodement : il ne rompt pas les relations diplomatiques, ne rappelle pas le nonce madrilène Federico Tedeschini – à l'époque le doyen du corps diplomatique accrédité en Espagne. Réciproquement, la République maintient son ambassadeur près le Saint-Siège, en s'efforçant toujours d'y nommer un catholique distingué. Cette stratégie d'accommodement – de la part du Saint-Siège, mais pas toujours du clergé local – durera jusqu'à ce qu'éclate la guerre civile en 1936 et même après. En juillet 1936, alors que, dès l'échec du coup d'État militaire, des prêtres sont massacrés par milliers, le Vatican ne rappelle pas son nonce. Quand ce dernier finit par partir, à la mi-août, il laisse derrière lui un chargé d'affaires ; et quand ce dernier partira à son tour en novembre, il laissera encore un secrétaire sur place. Autrement dit, la nonciature restera sous le contrôle du Vatican jusqu'au début de 1938, signe d'une volonté de maintenir la relation avec le gouvernement républicain, ou ce qu'il en reste alors, même dans les pires conditions.

Le 3 juin 1933, Pie XI publie une encyclique, Dilectissima Nobis, *face aux persécutions dirigées contre l'Église d'Espagne – c'est la première fois que le mot « persécution » est utilisé dans un document aussi important du magistère pontifical. Dénonçant les abus, les spoliations, il critique lourdement le gouverne-*

ment républicain tout en notant « qu'il est un fait universellement reconnu que l'Église catholique ne se considère pas liée à une forme de gouvernement plutôt qu'à une autre, tant que les droits divins de Dieu et des consciences chrétiennes sont assurés ». Pour lui, les actes du gouvernement espagnol constituent « non seulement une offense à la religion et à l'Église, mais également aux principes de liberté civile sur lesquels le nouveau régime espagnol affirme se fonder ».

Père Peter Gumpel, s.j. : L'encyclique *Dilectissima Nobis* est publiée non pendant la guerre civile, mais dans la période d'anarchie qui règne entre 1931 et 1936 – anarchie dans la mesure où le gouvernement républicain est peu reconnu localement, aussi bien par les classes conservatrices que par les groupes plus radicaux, anarchistes et communistes, qui font la loi sur le terrain. C'est dans ce contexte qu'il faut comprendre cette encyclique.

Pie XI dénonce d'une part la suppression de l'enseignement catholique et d'autre part la nationalisation forcée de tous les biens matériels de l'Église, que ce soit les églises et couvents, les œuvres d'art, mais aussi les objets liturgiques – ostensoirs, habits ecclésiastiques... On vole les églises au clergé et ensuite on leur demande de payer, avec l'argent qu'ils n'ont plus, un loyer pour utiliser ces églises !

C'est pourquoi le souverain pontife émet une protestation publique, comme il l'avait fait lors de la persécution violente de l'Église catholique au Mexique dans le cadre de la Constitution de 1917 : expropriation des églises, retrait du droit de vote aux prêtres… Mais cette encyclique n'est pas à comprendre comme une condamnation de la République espagnole en tant que telle.

Guy Hermet : La rupture définitive entre l'Espagne catholique et l'Espagne anticléricale se dessine entre novembre 1933 et octobre 1934. En novembre 1933, la droite remporte les élections législatives grâce aux voix de tous ceux qui, bien qu'ayant précédemment voté pour les républicains, étaient modérés et déploraient la dérive gauchiste de la République. Le parti qui sort grand vainqueur de ces élections, outre quelques formations très à droite comme les autonomistes basques (qui sont aussi très catholiques), est la CEDA (Confédération espagnole des droites autonomes) de José María Gil-Robles y Quiñones. Ce parti, catholique et clérical, peut être décrit comme à mi-chemin entre le Zentrum allemand, démocratique, et le parti social-chrétien du dictateur fasciste autrichien Engelbert Dollfuss. La CEDA se propose de remettre de l'ordre en Espagne, de remettre son économie à flot, de faire régner l'ordre public, de rétablir des relations « normales » avec l'Église et d'arrêter l'opération de sécularisation de l'enseignement religieux. Le président de la République, Niceto Alcalá-Zamora y Torres, par ailleurs catholique, a peur de confier la direction du gouvernement à Gil-Robles : il sait qu'il s'ensuivrait une explosion anarchiste et socialiste, la grève générale, probablement la guerre civile. Les gauches hurlent déjà au loup. Finalement, Alcalá-Zamora parvient à ne céder que trois ministères à la CEDA, mais cela suffit à provoquer l'explosion : en octobre 1934, un premier soulèvement à Barcelone est écrasé en deux jours par la Guardia Civil et l'armée ; puis les mineurs des Asturies se soulèvent à leur tour, contrôlés plus par les socialistes que par les anarchistes : ils sont des dizaines de milliers, ils ont de la dynamite, ils sont organisés, ils n'ont pas peur. Et ils prennent le contrôle de certaines villes des Asturies, incendiant des églises.

Père Vicente Cárcel Ortí, s.j. : On peut voir là une prémonition de ce qui se passera en 1936 : une révolte armée de socialistes et de communistes se soulevant contre une République qu'ils jugent trop à droite et qu'ils veulent plus révolutionnaire. Il s'agit d'une tentative précoce d'instaurer une « Espagne des soviets », un système communiste pur et dur par le biais d'une révolution armée.

Guy Hermet : Le gouvernement décide d'envoyer l'armée pour écraser la révolte. Il confie le commandement des forces militaires au général Franco, qui est alors en poste au Maroc – Franco est, pourrait-on dire, une sorte de Bonaparte de campagne coloniale. C'est un vrai militaire, efficace et brutal voire sanguinaire, qui détonne dans l'état-major espagnol plutôt pléthorique et pépère. Il avait créé la Légion étrangère espagnole. Quand il arrive pour réprimer la révolte des Asturies, il est à la tête non seulement de l'armée régulière, mais aussi de sa Légion étrangère, le Tercio, et des tabors, les tirailleurs marocains. La répression, extrêmement violente, prend l'allure d'une véritable reconquête avec fusillades, viols, etc.

Et c'est ainsi que disparaît la dernière once de confiance entre catholiques et anticléricaux. Le camp conservateur s'estime trahi par une République qui n'a pas respecté le verdict des urnes. De l'autre côté, les républicains assimilent la droite aux massacres et aux viols dans les Asturies. À la fin de 1934, la plupart des socialistes sont en prison. On va vers l'affrontement, même si personne ne sait vraiment comment cela va se passer. À droite, on imagine un petit putsch militaire tranquille, par téléphone par exemple ; on dirait au président de la République : « Allô ? Vous savez ? On a fait un putsch. Vous pouvez partir... » À gauche, je ne sais pas bien ce qu'on imaginait : une révolution sans guerre ? Mais, fin 1934, tout était en réalité déjà perdu.

Le 16 février 1936, plutôt que de se résigner à nommer Gil-Robles président du gouvernement (c'est-à-dire Premier ministre), le président de la République Alcalá-Zamora convoque de nouvelles élections législatives. Celles-ci opposent deux coalitions récemment formées : le Front populaire, qui regroupe d'une part le parti communiste, le parti socialiste (qui, après la révolte des Asturies, s'est déclaré partisan d'une révolution) et la gauche républicaine de l'anticlérical Manuel Azaña Díaz, et d'autre part le Front national, regroupant la CEDA, les carlistes et les monarchistes – le centre ayant quasiment disparu.

Père Vicente Cárcel Ortí, s.j. : Il n'existe pas de chiffres officiels concernant le résultat de ces élections, qui sont de toute façon extrêmement serrées. Chacun des deux camps prétend les avoir remportées sans aucune preuve véritable, et c'est malgré tout la gauche qui obtient le plus de sièges aux Cortes (263 contre 156). Ainsi se forme le gouvernement du Front populaire, gouvernement constitutionnel et légitime même si toute une partie de l'Espagne refuse de l'accepter. Le Saint-Siège reconnaît lui aussi ce gouvernement. Mais les esprits commencent malgré tout à s'échauffer et les deux camps se radicalisent : d'un côté, les révolutionnaires qui veulent mener leur révolution jusqu'au bout et reçoivent l'appui de l'Union soviétique de Staline et, de l'autre, la droite qui obtient le soutien de Mussolini et de Hitler. Cette montée des extrêmes prépare le climat d'*el Alzamiento,* « la révolte » des 17 et 18 juillet 1936.

Guy Hermet : Un gouvernement d'union nationale aurait été la solution, mais il était malheureusement inconcevable. D'autant que la droite était en réalité plutôt majoritaire si l'on y incluait le parti nationaliste basque, parti démocrate-chrétien assez conservateur. Mais les Basques savaient qu'ils ne pourraient obtenir l'autonomie des provinces basques que dans le cadre de la République fédérale que la gauche leur avait promise – la Catalogne, elle, avait obtenu son autonomie dès 1931. La gauche a donc gagné les élections grâce à un parti de droite basque.

Le 7 avril, l'Assemblée nouvellement élue démet le président de la République Alcalá-Zamora de ses fonctions et nomme à sa place Manuel Azaña, qui avait été le premier Premier ministre de la IIe République de 1931 à 1933 et qui était revenu à ce poste au lendemain des élections de février 1936. Or, Azaña est un anticlérical virulent et, à ce titre, l'ennemi juré de la droite, tandis qu'Alcalá-Zamora était perçu comme un modéré. À partir de ce moment, la droite perd toute confiance dans le jeu démocratique et, des deux côtés, c'est bel et bien une veillée d'armes qui s'engage.

Des milices se forment : certaines socialistes, d'autres anarchistes, d'autres encore communistes, pas très nombreuses mais mieux organisées ; et, en face, des milices catholiques, des milices de la Phalange, elles aussi peu nombreuses mais bien organisées et, dans la province de Navarre, des milices carlistes (les fameuses milices au béret rouge), auxquelles Mussolini fournit des armes et des cadres militaires. Parallèlement, des militaires, sous la houlette du général monarchiste José Sanjurjo et du commandant Emilio Mola Vidal, préparent un putsch duquel le général Franco se tient pour l'instant prudemment à l'écart.

Ces milices entrent en action. Ce ne sont pas des combats d'envergure, même s'il y a bien des morts. Puis commencent des assassinats de responsables, de personnalités. En mai-juin, l'État ne contrôle plus la situation tandis que les gauches radicales sentent la révolution à portée de main et que les droites désespèrent de l'intervention de l'armée. Pendant ce temps, le putsch se prépare. Franco, dont le gouvernement républicain se méfie, a, dès le 23 février, été envoyé en garnison aux Canaries. Il revient pourtant, à un moment donné, à Madrid pour avertir le gouvernement républicain de l'imminence d'un coup d'État et le prévenir que, s'il veut encore enrayer la spirale, c'est maintenant ou jamais. Sans doute est-il déjà persuadé que le coup d'État aura lieu, peut-être veut-il garder encore une marge de manœuvre, toujours est-il qu'il a la « courtoisie » d'avertir les autorités républicaines. Le coup d'État est prévu pour le 18 juillet.

Mais les choses se passent plus rapidement que prévu. Le 13 juillet, le chef de l'opposition, José Calvo Sotelo, est enlevé chez lui par des membres des Gardes d'assaut (forces de police militarisées), des Jeunesses socialistes, du Parti socialiste, de l'UGT et de la Guardia Civil (gendarmerie), et sauvagement assassiné à l'arrière d'un camion. Le coup d'État est lancé le 17 juillet. Le 18, Franco, dans son Manifeste de Las Palmas, dénonce la passivité complice du gouvernement face aux exactions des révolutionnaires ; le 19, il débarque en Afrique du Nord pour prendre la tête de ses troupes ; à partir du 20, un pont aérien, mis en place par l'Allemagne nazie et l'Italie fasciste, lui permet de débarquer ses trente mille hommes à Séville. C'est à ce moment-là que commencent les « grands massacres ».

Cette flambée de violence fait suite à la prise de pouvoir local par des groupes armés incontrôlés, émanant essentiellement des syndicats et encore plus de la CNT.

Dans la mesure où cette dernière n'est pas du tout centralisée, les anarchistes créent une multitude de milices sous l'autorité de chefs locaux. Ils trouvent des armes dans des casernes abandonnées, quand ce ne sont pas les militaires eux-mêmes qui leur fournissent des mitrailleuses. Ces milices, patrouillant dans tous les sens, arrêtent qui ils veulent : les porteurs de cravates, les porteurs de chapeaux... et, bien entendu, les prêtres, les religieuses, les religieux... Ils les emprisonnent dans des locaux de fortune puis les massacrent, parfois après des parodies de jugement, parfois sans, dans des conditions abominables : ainsi, en Aragon, on ligote des groupes de prêtres avec des fils de fer barbelés, on les arrose d'essence et on les brûle vifs. Tout cela s'est vraiment passé...

Les milices syndicales refusent de mettre un terme à cette barbarie spontanée, quand elles ne la pratiquent pas elles-mêmes. Durant cette « Terreur rouge » sont assassinés 4 172 curés et séminaristes, soit près du tiers des curés espagnols, 2 364 moines, 283 religieuses et 13 évêques (sur les 50 que compte alors l'Espagne) : en tout, 6 832 « martyrs » ecclésiastiques, sans compter tous les laïcs assassinés parce que soupçonnés de sympathie pour l'Église. Les miliciens s'en prennent à tous ceux qui leur tombent sous la main : à des prêtres connus pour leur caractère réactionnaire, sans doute, mais aussi aux jeunes aumôniers des syndicats catholiques. Ces derniers, bien qu'ils soient des sortes de prêtres-ouvriers, sont considérés comme l'ennemi absolu et sont les premiers visés. Tous y passent. Si, au plan national, c'est donc un tiers du clergé qui est massacré, dans certains diocèses du nord de l'Espagne, c'est jusqu'à 70 % du clergé qui est assassiné en quelques semaines.

Père Vicente Cárcel Ortí, s.j. : La propagande tourne évidemment à plein régime. Au cours de la guerre civile, les républicains convient un panel mondial d'intellectuels à visiter le fameux monastère de l'Escurial et à constater que rien n'a été détruit : la bibliothèque est intacte, les œuvres d'art toujours en place… Ce qu'ils cachent alors, cependant, c'est qu'il manque quelque chose : la communauté de cinquante et un augustins qui occupait les lieux a été entièrement massacrée le 11 août 1936…

Les massacres ont lieu dans un camp comme dans l'autre. Les troupes de Franco, au fur et à mesure de leur remontée depuis le sud de la péninsule, massacrent systématiquement les gens de gauche. On compte ainsi cinq mille morts à Grenade, quatre mille à Cordoue, autant à Malaga, plus de trois mille à Séville… Lorsque le Saint-Siège reçoit des nouvelles de ces massacres, il intervient immédiatement pour demander des explications. Mais bien sûr, ses interlocuteurs nient tout.

Face aux massacres de catholiques, le pape réagit avec une sévérité extrême, employant un ton très dur dans ses protestations auprès de l'ambassadeur espagnol au Vatican, mais il ne rompt pas pour autant les relations diplomatiques avec la République. De leur côté, les nationaux[1] commencent à s'organiser en une

1. Et non « nationalistes », ce dernier terme servant, en Espagne, à désigner les indépendantistes basques.

« junte de défense nationale » et réclament au Vatican que celui-ci les reconnaisse. Pour cela, ils envoient au cardinal Pacelli le télégramme suivant : « Nous incarnons le gouvernement légitime d'Espagne, vous devez nous reconnaître ! » Télégramme au bas duquel le pape appose une petite mention ordonnant : « Suspendre la réponse »... Nous sommes en août 1936 : il est préférable de patienter, parce que nul ne sait alors comment cette rébellion finira. Personne ne peut alors imaginer que la guerre civile durera encore trois ans.

Père Peter Gumpel, s.j. : La position de l'Église catholique est naturellement d'autant plus délicate qu'il y a malgré tout des catholiques dans les deux camps. Les évêques sont divisés. Personne ne veut retourner à l'anarchie qui régnait quasiment depuis les débuts de la République et tout le monde espère que l'un des deux camps remportera une victoire décisive. Mais les nations étrangères elles-mêmes sont divisées : la France, l'Angleterre, l'Union soviétique et l'Amérique du Nord sont en faveur des républicains tandis que l'Italie et l'Allemagne soutiennent Franco. L'Allemagne envoie, entre autres, la légion Condor commandée par le général Hugo Sperrle, qui bombardera notamment Guernica le 26 avril 1937. L'Italie envoie surtout des chars et des troupes d'infanterie.

Père Vicente Cárcel Ortí, s.j. : J'ai retrouvé dans les archives vaticanes de l'époque une lettre très étrange, datée de 1936, dans laquelle le nonce en Italie raconte à Pacelli une conversation avec Mussolini. Mussolini est en colère contre Franco, parce qu'il estime que ce dernier ne sait pas faire la guerre. « Si Franco savait mener une guerre comme il se doit, elle serait déjà terminée ! Mais les Espagnols ne savent pas faire la guerre. Le matin, ils s'en vont tirer sur l'ennemi. Ensuite, ils rentrent à la maison faire la sieste. Si j'étais à sa place, j'aurais déjà anéanti l'ennemi ! » C'est dire quelle était la mentalité de ce « Duce » qui se prenait pour le maître du monde... Ensuite, le nonce demande : « J'ai appris que des navires soviétiques s'apprêtaient à gagner l'Espagne par la Méditerranée. Qui va les bombarder ? » Et Mussolini lui répond : « Ne vous inquiétez pas, il y aura bien quelqu'un pour les bombarder ! » Le destin de l'humanité reposait entre les mains de personnes qui jouaient comme des enfants avec des pions !

Le Vatican craint une intervention française. Le cardinal Pacelli fait savoir à l'ambassadeur de France qu'« une intervention militaire française déclencherait automatiquement la mise en mouvement de divisions allemandes ». Hitler, qui imagine la France prise en tenaille, envoie à Franco armes et matériel ; mais la France, pas plus que la Grande-Bretagne, ne compte intervenir.

Guy Hermet : L'action internationale du Saint-Siège consiste alors essentiellement à... encourager l'inaction. Le secrétaire d'État Pacelli avertit le gouvernement français qu'une intervention française ou anglaise provoquerait immédiatement une intervention allemande. Mais, s'il est facile pour les Français d'entrer en Espagne, les Anglais auraient besoin de trois mois et les Allemands auraient à traverser la France. Or, en 1936, les nazis viennent à peine de réoccuper la Rhénanie : ils sont encore loin d'être prêts à engager une guerre avec les armées française et anglaise, encore moins une guerre d'occupation. La menace n'est donc pas réelle ; mais, en vérité, elle arrange terriblement la France et l'Angleterre qui, si elles n'éprouvent aucune sympathie pour Franco, n'ont pour autant pas la moindre envie de défendre une République de plus en plus « bolchevique », composée de factions qui s'entretuent et sont incapables de gouverner. Les interventions du Vatican sont donc les bienvenues. Et le Vatican le sait.

Le 14 septembre 1936, recevant des prêtres réfugiés espagnols, Pie XI dénonce la « satanique préparation » contre l'Espagne catholique et la « destruction barbare » qu'elle subit. Au même moment, Eugenio Pacelli écrit : « Il est utile pour le Saint-Siège d'intégrer le bloc fasciste qui se compose essentiellement de l'Italie et l'Allemagne. »

Hubert Wolf : Cette phrase se trouve effectivement dans les minutes d'une des rares séances de la congrégation des Affaires ecclésiastiques extraordinaires, le « service politique » de la secrétairerie d'État. Mgr Pacelli dit bien, au cours de la discussion, que l'Église doit « s'intégrer au bloc fasciste ». L'expression vient en réalité conclure une longue discussion sur la situation en Espagne. Toutes sortes de groupes en Espagne, surtout le cardinal Gomà, archevêque de Tolède, essaient d'influencer Rome. Les membres de la curie se demandent d'abord si l'Église doit soutenir la démocratisation du pays tout en sachant que les communistes y obtiendraient alors la majorité et que cela signifierait abandonner à son sort « l'autre » Espagne. Ils se demandent également si l'Espagne est en passe de devenir une seconde Union soviétique qui prendrait, avec la première, le reste de l'Europe en étau ; enfin, ils envisagent l'éventualité, compte tenu des attaques dont l'Église est la cible, d'encourager les catholiques à prendre les armes pour se défendre. Pour couper court à ces spéculations de plus en plus téméraires, Mgr Pacelli clôt la discussion en concluant qu'il faut se positionner du côté de Franco – mais sans légitimer le recours à la violence. Il se conforme en cela à des directives très claires de Pie XI : les catholiques ne doivent pas répondre à la violence par la violence. Non seulement il n'est pas question d'encourager le recours aux armes, mais cela est formellement interdit aux catholiques. Et Pie XI ajoute : « Bien sûr, l'Église a autrefois légitimé la violence. Nous avons mené avec raison, au XVIe siècle, des guerres contre les Turcs et contre les protestants hérétiques pour sauver la culture occidentale ; mais au XXe siècle, Nous interdisons l'usage de la violence. » Donc il s'agit d'un positionnement, comme le dit Pacelli, au sein de ce bloc fasciste tout en évitant une légitimation de la violence.

Guy Hermet : Le Vatican pratique ce que l'on pourrait appeler un « double jeu d'accommodement ». D'un côté, il doit répondre aux attentes des réfugiés qui affluent en Italie et au Vatican même, et auxquels il ne peut pas décemment affirmer qu'il espère aboutir à des accords avec le gouvernement républicain pour mettre fin aux massacres : chacun sait que c'est impossible, que le gouvernement républicain non seulement n'a plus aucune autorité depuis longtemps, mais qu'il compte de plus en son sein des « énergumènes » qui approuvent ces massacres. D'un autre côté, le Vatican maintient sa nonciature à Madrid, auprès du gouvernement républicain qu'il considère toujours comme seul légitime. Ce qui n'empêche pas de prendre des précautions : des milliers de prêtres, mais aussi de journalistes, d'industriels, etc., connus pour être catholiques, se cachent dans des appartements ou dans les ambassades, notamment sud-américaines. Au total, ce sont des dizaines de milliers de catholiques qui sont en danger de mort, et le Saint-Siège doit absolument éviter de jeter de l'huile sur le feu sans pour autant s'interdire de protester.

Le 1er septembre, le père Josep Samsó, de la basilique mineure de Santa-María de Mataró, près de Barcelone, est extrait de prison et exécuté sommairement dans le cimetière local. Le 14 septembre, Pie XI réagit et condamne dans une allocution « la haine satanique de Dieu » qui anime le gouvernement républicain.

Guy Hermet : Début novembre 1936, l'armée de Franco arrive à Madrid. Le gouvernement républicain a fui à Valence, laissant la défense de la capitale à un vieux général, José Miaja Menant, plus ou moins républicain mais fidèle au pouvoir établi. Celui-ci, aux abois, a lui-même confié la sécurité publique à Santiago Carrillo Solares, le chef des Jeunesses socialistes unifiées (résultat d'une fusion avec les Jeunesses communistes). Celles-ci paniquent, tirent les prisonniers « politiques » de leur geôle et les fusillent : six mille personnes abattues en deux jours, essentiellement des catholiques, six semaines à peine après l'allocution de Pie XI.

On comprend la difficulté pour l'Église de tenir un discours neutre et de modérer la furie des évêques qui veulent tous faire des lettres pastorales, parlent de croisades et jettent l'anathème sur la République. Le nouvel archevêque de Tolède, Mgr Gomà, a le premier publié une lettre pastorale personnelle prenant parti pour Franco et en prépare une autre, collective celle-là. Mais le Vatican va en différer la publication jusqu'au 1er juillet 1937, en demandant quelques amendements.

Cette *Carta colectiva de los obispos españoles a los obispos de todo el mundo con motivo de la guerra en España* justifie la guerre civile et reconnaît le caractère de croisade de la lutte de l'armée « nationale », la comparant à la Reconquista. Ce n'est d'ailleurs pas par hasard qu'on commence à cette époque à surnommer Franco le « Caudillo », terme qui désignait pendant la Reconquista les chefs de guerre chrétiens. Cette pastorale est signée par la quasi-totalité des évêques encore présents en Espagne – sachant que treize d'entre eux ont déjà été assassinés. Il ne manque que trois signataires : Mgr Bartolomé Pascual Marroig, évêque de Lappa, alors confiné dans son diocèse par les républicains ; le cardinal Vidal y Barraquer, encore à ce moment-là archevêque de Tarragone, qui est très modéré et prône une neutralité absolue ; et Mgr Mateo Múgica y Urrestarazu, évêque de Vitoria au Pays basque. Ce dernier, un pur monarchiste, aurait logiquement dû être ultrafranquiste, mais… il est basque et, de ce fait, déchiré entre les Basques qui luttent aux côtés de la République et Franco qui la combat.

Cette lettre pastorale place le Vatican dans une situation paradoxale. À Rome, l'ambassadeur républicain a été rappelé ; et, comme l'ambassade ne se trouve pas au Vatican même, le Saint-Siège demande à la police italienne mussolinienne de protéger la résidence de l'ambassadeur. Le représentant franquiste auprès du Vatican y a pris ses quartiers en novembre 1936, mais le Vatican ne le reconnaît pas encore comme représentant de l'État espagnol. D'un autre côté, le Saint-Siège maintient sa nonciature à Madrid auprès du gouvernement républicain…

Père Vicente Cárcel Ortí, s.j. : En 1938, le pape demande expressément à Franco de déclarer une trêve pour les fêtes de Noël. Mais après que l'ambassadeur du Saint-Siège et le nonce apostolique ont communiqué cette demande à Franco, ce dernier fait répondre : « Dites au pape que je le remercie pour ses bonnes intentions. Mais dites aussi au pape qu'il s'agit bien d'une guerre et qu'une guerre se gagne grâce aux armes. Et que j'ai déjà programmé la fin de la guerre : elle durera encore deux mois. » En effet, dans les semaines qui suivent, Barcelone tombe, puis Tarragone, puis Valence, puis Madrid, et la guerre prend fin. Alors le pape, voyant les grandes puissances européennes dialoguer avec Franco, reconnaît lui aussi officiellement son gouvernement.

L'homme qui a gagné la guerre est un militaire qui instaure un régime militaire, ce qui implique censure, suppression des libertés politiques et syndicales... Franco choisit alors, pour légitimer son régime autoritaire, de prendre l'Église comme appui, voire comme étendard. Il se dit que cette Église, qui a été persécutée, détruite, l'aidera certainement. Et c'est ce que fait l'Église : elle décide d'approuver le gouvernement de Franco et de lui assurer son soutien. Avec le recul, il s'agit bien évidemment d'une erreur historique très grave. Mais à l'époque, les choses se sont présentées ainsi.

Guy Hermet : Pour autant, l'Église ne s'est pas jetée dans les bras de Franco. Certes, on voit des évêques faire le « salut romain » à la manière fasciste. Mais, au sommet de la hiérarchie ecclésiastique, on constate un vrai désir de se distancier. Dès la fin de la guerre civile, en avril 1939, le cardinal Gomà, primat d'Espagne, qui avait pourtant été le fer de lance de la condamnation des atrocités républicaines, entend se démarquer du pouvoir franquiste. Il écrit une lettre pastorale où il dit notamment que « la paix ne s'impose pas par les armes, [qu']elle doit au contraire engendrer un mouvement de liberté, de respect, de tolérance, de réconciliation ». Cependant, pour diffuser ce texte, il est obligé de passer par la presse d'État, la seule qui soit encore permise : et, bien évidemment, Franco en interdit la publication. Mgr Gomà se plie à cette censure. Il ne tente même pas de publier sa lettre pastorale dans *Iglesia*, revue tirée à seulement cinq mille exemplaires dans laquelle il avait, deux ans plus tôt, publié l'encyclique *Mit brennender Sorge* censurée par les médias franquistes.

Cette censure de la lettre pastorale de Mgr Gomà peut être considérée comme le début du démontage systématique, par l'État franquiste, de la puissance de l'Église catholique. L'État franquiste a bien sûr concédé beaucoup d'avantages à l'Église, mais c'est pour mieux en prendre le contrôle, en particulier au plan des associations. En 1939, l'Église espagnole est, plus encore qu'avant la guerre civile, une grande puissance, presque un État dans l'État, qui dispose d'un réseau d'écoles, d'établissements religieux, d'associations comme l'Action catholique, qui compte des centaines de milliers de membres. Au total, l'Église, sur le plan associatif, compte, au lendemain de la guerre civile, plus de membres que le nouveau parti unique de la Phalange. Fondé en 1933 par José Antonio Primo de Rivera y Sáenz, le parti fasciste de la Phalange a en effet été récupéré par Franco après la mort de Primo de Rivera, exécuté par les républicains en 1936. Il ne faut pas oublier que c'est un parti très marqué par l'anticléricalisme. Franco, qui a besoin d'un parti unique pour asseoir sa dictature, ne peut se passer de la Phalange, mais il ne l'aime guère. La Phalange sait qu'elle n'est pas aimée par Franco, et elle ne l'aime pas non plus, elle qui exècre toutes ces « vieilles badernes » de l'état-major. Mais ce qu'elle déteste encore plus, ce sont les curés, dont elle n'a de cesse de dénoncer « l'invasion ». Les associations phalangistes vont donc affronter les associations catholiques et les dépouiller.

Père Vicente Cárcel Ortí, s.j. : Le Saint-Siège, pour sa part, menace, en 1939, de rompre définitivement ses relations diplomatiques avec Franco parce que ce dernier veut signer un accord culturel avec Hitler. Franco admire Hitler : il le considère comme un grand leader, plus encore, comme une légende vivante. Il veut donc offrir à l'Allemagne nazie une présence culturelle en Espagne : dans les écoles, les universités... L'Espagne franquiste serait devenue rapidement un État fantoche, comme la France de Pétain, et aurait ouvert à Hitler les portes de l'Afrique du Nord. C'est pourquoi le pape, qui pressent déjà ce danger, lance alors un avertissement à Franco : « Ne vous fiez pas à Hitler. C'est un homme terrible qui vous anéantira comme il nous anéantira. » La réticence du Saint-Siège à reconnaître Franco est due essentiellement à ses liens avec Hitler. Comme l'écrit Eugenio Pacelli dans l'un de ses rapports, « comment pouvons-nous reconnaître Franco si Franco est l'allié de Hitler, qui persécute l'Église catholique en Allemagne ? ».

Franco, victorieux, demande au Saint-Siège que l'on en revienne sans autre forme de procès au concordat de 1851, dénoncé par la République en 1931. Il défend, en effet, la thèse selon laquelle la République n'a été qu'une parenthèse maintenant refermée : « Nous, l'armée, avons mené la guerre pour chasser la République et revenir à la tradition glorieuse de l'Espagne catholique. » Et il désire le retour au concordat parce que celui-ci, s'il accordait de nombreux privilèges à l'Église, en offrait également beaucoup à l'État. Mais le pape lui répond que ce concordat n'existe plus. En effet, le concordat se formule ainsi : « Sa Sainteté le Pape Pie IX[...] et Sa Majesté la reine Isabelle II [...] se mettent d'accord sur telle et telle chose. » C'est donc un document établi entre le pape et le monarque. Sauf que, dans la présente situation, il n'y a plus de roi, et l'on ne sait véritablement ce que représente Franco. Lui se dit « chef de l'État » – mais de quel État ? L'État républicain ? L'État monarchique ?

Aussi ces débats durent-ils longtemps pour se solder, dans un premier temps, par une fin de non-recevoir de la part du Saint-Siège. Pour autant, les conséquences des massacres de religieux imposent qu'on trouve d'urgence des solutions : en 1941, entre les évêques qui ont été assassinés, ceux qui sont morts autrement et ceux qui sont malades ou grabataires, ce sont plus de trente diocèses espagnols qui sont en déshérence. C'est pour cette raison que le pape concède à Franco le système de la terne : le pape ne nomme pas librement les évêques, mais les choisit parmi trois religieux présélectionnés par le chef de l'État.

À la fin de la Seconde Guerre mondiale, l'Espagne franquiste se retrouve isolée par les puissances victorieuses. Tous les ambassadeurs étrangers s'en retirent, sauf deux : celui de l'Argentine péroniste, qui fournit l'Espagne en viande, en lait et en fromage, et le nonce apostolique – qui fournit la bénédiction papale... Ce soutien moral de fait, même s'il est absolument neutre du point de vue du Saint-Siège – dans la mesure où il avait pareillement maintenu la nonciature auprès du gouvernement républicain même au plus fort des massacres –, est extrêmement précieux à Franco, qui soigne donc beaucoup ses rapports avec le Vatican.

Tout change en 1953 lorsque, face à la menace soviétique, le président américain Eisenhower signe avec Franco les fameux accords de Madrid, qui accordent de larges subsides à l'Espagne en échange de l'implantation de bases militaires américaines sur son territoire. La dictature de Franco acquiert ainsi une certaine légitimité morale au regard de la communauté internationale, ce qui pousse le Saint-Siège à lui accorder enfin le concordat.

Par ce concordat de 1953, l'Église reçoit énormément de privilèges. On revient pratiquement à la situation du temps de la monarchie. Elle redevient non seulement la religion de l'État, mais est aussi la seule religion reconnue, la seule qui ait le droit de posséder des biens, de publier des livres, de célébrer des offices publics. La loi espagnole doit être conforme au droit canon et au dogme catholique. L'État verse un salaire aux prêtres et finance la reconstruction et l'entretien des églises. L'instruction religieuse est obligatoire, tout comme le mariage religieux. L'Église a un droit de censure. Le divorce et la vente de contraceptifs sont interdits. En contrepartie, l'État a le privilège de choisir les candidats à l'épiscopat et a un droit de veto sur toutes les nominations ecclésiastiques.

Les autres privilèges que reçoit l'État sont plus symboliques que réels. Parmi eux, il y a le fait que lorsque Franco entre dans une église, il y est reçu comme un saint homme. Je l'ai vu de mes propres yeux : quand Franco entrait dans la cathédrale de ma ville, on sonnait les cloches comme si l'on accueillait le Messie ! Il y avait aussi une prière pendant la messe, dans laquelle on priait pour le roi Juan[1], pour la reine María Mercedes, pour la famille royale, pour l'armée, pour l'Espagne et pour le général Franco. Cette prière fut supprimée après le concile Vatican II. Mais à l'époque, Franco jouissait du privilège que l'on prie pour lui !

Au moment où Mgr Alfredo Ottaviani, alors prosecrétaire du Saint-Office, signe ce concordat, il déclare que c'est un concordat modèle car il consacre « l'État catholique ». De fait, l'État confessionnel s'intègre dès lors pleinement avec l'Église. C'est-à-dire que l'on revient au Moyen Âge. Le concordat de 1953 marque le point culminant du régime franquiste et du pontificat de Pie XII. C'est une tentative de retour à la splendeur absolue de l'Église, dans laquelle Pie XII incarne le dernier grand pape de la vieille garde chrétienne. Après lui, Jean XXIII va complètement rompre

---

1. Fils d'Alphonse XIII, père de Juan Carlos et en réalité comte de Barcelone : en 1947, Franco avait nominalement rétabli la monarchie, mais n'avait pas laissé Juan monter sur le trône.

avec la tradition et démarrer une nouvelle ère grâce au concile Vatican II.

Guy Hermet : Il y a donc eu confusion du clergé et de l'État franquiste. C'est une manifestation de faiblesse de l'Église qui s'est très mal défendue, qui aurait très bien pu couper les ponts et qui ne l'a pas fait. Les évêques et le pape auraient pu protester contre les exécutions. Il y a eu quatre-vingt-dix mille fusillés après la guerre civile ; chaque jour ou presque, on fusillait quelqu'un à la tristement célèbre prison de Carabanchel. L'Église aurait pu protester. Elle aurait au moins pu, par exemple, demander le rétablissement des syndicats catholiques ou encore l'autorisation de créer un quotidien de grande information échappant à la censure. Mais de telles exigences auraient mené à la rupture, ce dont elle ne voulait pas. Elle s'est donc abstenue. C'est Paul VI qui rompra plus tard totalement avec le régime franquiste.

Père Vicente Cárcel Ortí, s.j. : Mgr Montini, élu pape en 1963 sous le nom de Paul VI, n'est absolument pas favorable au concordat signé avec l'Espagne dix ans plus tôt. En effet, c'est un démocrate – un démocrate-chrétien, mais un vrai démocrate. Une dictature militaire comme celle de Franco lui est insupportable parce qu'elle bâillonne les libertés, à commencer par la liberté religieuse, qui a été complètement anéantie. En Espagne, on le considère comme un pape de gauche ; on le taxe même de « révolutionnaire » et de « communiste » – il faut dire qu'à l'époque, en Espagne, quiconque n'est pas du côté de Franco ne peut être qu'un communiste…

En 1963, le concile Vatican II, qui est déjà réuni depuis un an, fait l'effet d'une bombe en Espagne dans la mesure où il encourage un vaste débat d'idées sur de nombreux sujets tabous comme la liberté religieuse – et cela, la censure du régime ne peut l'accepter.

Une fois élu pape, Paul VI continue bien entendu d'entretenir des rapports avec l'Espagne. De son côté, Franco cherche malgré tout à trouver un terrain d'entente possible avec ce pape étrange et lui envoie comme nouvel ambassadeur Antonio Garrigues, grand catholique mais aussi grand libéral qui permet aux deux parties de dialoguer. Mais le pape veut que Franco renonce au privilège de présenter les évêques. La réponse de Franco à ce sujet est très cordiale et prévenante, mais en même temps très ferme : « Votre Sainteté, ce privilège ne m'appartient pas : il appartient à l'Espagne. Le jour où je m'en irai, ce privilège ira naturellement à mon successeur. Je ne peux donc pas renoncer à quelque chose qui ne m'appartient pas. » Franco ne renoncera jamais à ce privilège.

Paul VI est contraint d'accepter, chose très dure pour lui dans la mesure où il sait que les évêques sont le moteur de l'Église, et qu'il a besoin d'eux pour promouvoir le renouveau qu'il prêche. Il a alors recours à une « botte secrète » nichée dans un détail du concordat. Ce dernier prévoit en effet que le chef de l'État a le privilège de nommer les évêques résidentiels – mais pas les évêques auxiliaires… Paul VI, après avoir nommé un nouveau nonce, commence donc à promouvoir, sans avoir besoin de passer par Franco, des évêques auxiliaires plus jeunes, d'une mentalité plus ouverte, plus « moderne ». Chacune de ces nominations est perçue par le gouvernement comme un coup de poignard dans le dos. De plus, le concile Vatican II débouche sur la création, dans chaque pays, d'une nouvelle institution : la conférence épiscopale. Or, les évêques auxiliaires sont membres de droit de cette conférence épiscopale, et leur voix y a le même poids que celle des autres évêques, fussent-ils archevêques de Tolède ou de Madrid… Voilà comment le pape réussit à créer peu à peu un épiscopat peuplé d'une majorité d'évêques jeunes et ouverts, dotés d'un esprit critique face au régime politique en vigueur, même s'ils demeurent toujours très prudents et cherchent toujours à éviter une confrontation directe avec le gouvernement – certains par affinité politique, d'autres par gratitude pour tout ce que Franco a fait pour l'Église, d'autres encore par prudence pastorale.

Ainsi émerge une nouvelle Église espagnole, forte des idées neuves du concile ; et lorsque le concile approuve officiellement la liberté religieuse, les évêques espagnols se trouvent naturellement favorables à son application légale en Espagne.

VIII.

Un vent nouveau

Philippe Chenaux : On assiste, au lendemain de la Seconde Guerre mondiale, à l'apparition d'un « animal politique nouveau », pour reprendre l'expression de l'historien britannique Tony Judt : Démocratie chrétienne. Ces partis, qui naissent un peu partout en Europe occidentale sur les décombres du fascisme et du nazisme, s'imposent très rapidement comme les pivots incontournables des nouvelles majorités politiques qui se constituent à ce moment-là – et le Vatican de Pie XII joue très clairement cette carte de la démocratie chrétienne dans ce contexte nouveau, marqué par l'effondrement de la droite conservatrice – et, a fortiori, de l'extrême droite – et par la montée en puissance de l'extrême gauche, notamment des partis communistes italien et français. Le grand principe à la base de toute cette politique est celui de l'unité des catholiques : pour être efficaces, il faut que les catholiques soient unis sur le plan politique et se rassemblent sous la bannière de la démocratie chrétienne.

Philippe Levillain : Beaucoup ont soutenu la thèse selon laquelle le Saint-Siège aurait fait largement plus qu'encourager l'émergence du fameux trio : en

France, le Mouvement républicain populaire (MRP) de Georges Bidault et Robert Schuman, en Allemagne, l'Union démocratique chrétienne (CDU) de Konrad Adenauer et, en Italie, la Démocratie chrétienne (DC) d'Alcide De Gasperi. Aujourd'hui, notre vision des choses est quand même bien plus nuancée. Des travaux historiques récents ont montré qu'après chaque conflit mondial, on observe un regain de la croyance, de la foi et, partant, de l'adhésion aux valeurs spirituelles de l'Église : c'est vrai après la Première Guerre mondiale, et c'est vrai au lendemain de 1945, surtout en France. Les problématiques sont cependant différentes en Allemagne, en France et en Italie.

L'Allemagne, pourrait-on dire, « sort du péché » : elle cherche à expier ses fautes, et l'expérience politique d'Adenauer (adhérent au Zentrum en 1906, il avait été maire de Cologne de 1917 à 1933) est précieuse pour cela. De plus, les catholiques sont minoritaires au sein de la chrétienté allemande et la CDU est dès lors obligée, dès l'origine, de se vouloir œcuménique et de s'ouvrir largement à l'adhésion des protestants. Pour ces raisons, le soutien accordé par le Saint-Siège à la démocratie chrétienne allemande est très indirect et nullement interventionniste.

En France, le nom du MRP ne fait pas référence à son identité chrétienne, pour des raisons qui tiennent au laïcisme de la société française et à sa méfiance envers toute ingérence papiste. C'est Bidault lui-même, en tant que successeur de Jean Moulin à la tête de la Résistance, qui avait refusé qu'on parlât de parti chrétien. Les relations entre le MRP et le Vatican ne sont pas très fluides non plus. Ainsi après la Libération en 1944, Bidault avait-il exigé du Saint-Siège qu'il révoquât les évêques collaborationnistes. Le 23 décembre 1944, le Vatican se contente de nommer à la nonciature de France le jovial Angelo Giuseppe Roncalli, le futur Jean XXIII, qui se limite à démettre de leur charge deux ou trois évêques, ce qui est peu en regard de la liste remise par Bidault.

Le cas italien est différent. De Gasperi, un des fondateurs du parti populaire, avait été emprisonné en 1927 par les fascistes ; libéré en 1928 sur intervention du Saint-Siège, il avait trouvé en 1929 refuge au Vatican en tant qu'archiviste et y était demeuré jusqu'à la chute du fascisme. Il est donc très proche de la papauté. Le pape le reçoit chaque semaine, et certaines initiatives de la Démocratie chrétienne sont clairement inspirées par le Vatican. Pour autant, dans l'immédiat après-guerre, le Saint-Siège s'abstient de trop intervenir dans la vie politique. Ainsi ne donne-t-il aucune consigne pour le référendum qui, en juin 1946, demande aux Italiens de choisir entre monarchie et république. Mais il laisse l'influence de l'Église agir par capillarité, grâce aux sermons des curés.

Philippe Chenaux : En avril 1948, en revanche, Pie XII dramatise l'enjeu des élections législatives. Il appelle à la mobilisation de toutes les forces catholiques au bénéfice de la Démocratie chrétienne d'Alcide De Gasperi. Il intervient personnellement à plusieurs reprises pour insister sur l'importance de ces élections. Surtout, se constituent, au sein de l'Action catholique italienne, des comités civiques visant à mobiliser l'électorat catholique. Ces comités civiques sont pilotés par un personnage assez controversé, un certain Luigi Gedda, généticien qui a toute la confiance de Pie XII. Il propose au pape de créer une espèce de milice parallèle au parti de De Gasperi parce qu'il estime que les évêques n'en font pas assez. Ces comités civiques, qui s'appuient sur le réseau des sections de l'Action catholique, sont d'une efficacité redoutable. La campagne est très violente : on agite le spectre bolchevique de cette Union soviétique où « les parents mangent leurs propres enfants », on emploie des slogans tels que : « Dans le secret de l'isoloir, Dieu vous voit – pas Staline »… On n'hésite pas à parler de « péché électoral » pour qui n'irait pas voter. Et le jour de l'élection, on amène en car les religieux et les religieuses aux bureaux de vote. Cette mobilisation sans précédent de l'Église au bénéfice d'un parti politique se traduit par un triomphe électoral de la Démocratie chrétienne.

À partir de là, Pie XII voudra et pensera pouvoir exporter ce modèle italien dans d'autres pays de l'Europe occidentale. Mais cela ne pouvait pas marcher : l'influence politique de la papauté n'est pas la même en Allemagne et en France. En Italie même, la Démocratie chrétienne veut garder malgré tout une certaine autonomie. De Gasperi et Pie XII n'entretiennent pas toujours, quoi qu'on en dise, de très bonnes relations. Malgré l'estime qu'a Pie XII pour De Gasperi, il pense que ce dernier est beaucoup trop indépendant et qu'il ne tient pas suffisamment compte des directives de l'Église. En réalité, De Gasperi se rattache à la tradition d'un catholicisme plus libéral : s'il se veut parfaitement fidèle aux enseignements de l'Église dans les domaines de la morale et de la foi, sur le plan de l'action politique, il estime devoir mener les choses telles qu'il les entend. C'est pourquoi il décide d'intégrer le parti social-démocrate dans sa coalition gouvernementale.

Père Peter Gumpel, s.j. : Au sein même de la curie, on observe un désaccord quant à l'attitude à adopter envers les sociaux-démocrates : Pie XII et Mgr Domenico Tardini, l'un des deux prosecrétaires d'État, ne veulent pas d'une alliance, alors que Mgr Montini, l'autre prosecrétaire d'État et futur Paul VI, est pour.

Philippe Levillain : Le père de Mgr Montini, Giorgio Montini, avait été un journaliste démocrate-chrétien très célèbre, fondateur de l'Action catholique en Lombardie. Mgr Montini, entre 1925 et 1933, avait lui-même été aumônier de la Fédération des universités catholiques italiennes, à cette époque le seul syndicat étudiant non fasciste encore toléré : il avait eu avec Mussolini des débats houleux qui lui avaient valu molestations et arrestations. Il incarne donc un esprit de résistance catholique très spécifique à l'Italie que De Gasperi essaie de traduire en politique.

Père Peter Gumpel, s.j. : Au lendemain des élections de 1953, au sortir desquelles la Démocratie chrétienne n'est plus en mesure de gouverner seule, Montini entreprend des pourparlers avec De Gasperi pour intégrer les sociaux-démocrates dans la coalition – mais il n'en informe pas le pape… Pie XII, quand il l'apprend, est naturellement déçu. Dès ce moment-là, la rupture entre le pape et Montini est consommée, d'autant qu'ils s'opposent également sur l'attitude à tenir face aux persécutions en Europe de l'Est : tandis que Pie XII soutient ce qu'on appellera « l'Église du silence », c'est-à-dire une Église qui subit les persécutions et continue d'œuvrer discrètement sans collaborer en rien avec les régimes communistes, le futur Paul VI est partisan de l'*Ostpolitik*, c'est-à-dire de la négociation avec ces mêmes régimes. Pie XII décide alors de démissionner Montini de sa charge de prosecrétaire d'État ; mais comme celui-ci a, quoi qu'il en soit, de grands mérites, le pape ne veut pas le désapprouver publiquement. C'est pourquoi, en 1954, il lui offre le plus beau des « placards dorés » : l'archevêché de Milan, le plus grand, le plus important et le plus riche diocèse d'Italie. Pour autant, il ne le fera jamais cardinal, parce qu'il ne veut pas l'avoir pour successeur. Et, pour ne pas faire de jaloux, il ne fera jamais non plus cardinal Mgr Tardini…

Philippe Levillain : Les interprétations divergent quant à la nomination de Mgr Montini à l'archevêché de Milan. Si elle signifie un éloignement de la curie, elle lui permet d'acquérir une expérience pastorale qui lui sera plus tard indispensable pour être élu pape. D'autre part, en 1952, Pie XII avait proposé à Tardini et Montini d'être élevés à la pourpre cardinalice, et tous deux avaient refusé de concert. En outre, le fait de ne pas être cardinal n'empêchait pas, en théorie, Mgr Montini d'accéder à la papauté – il sera d'ailleurs considéré comme *papabile* au conclave de 1958 qui élira Jean XXIII.

Au sortir de la Seconde Guerre mondiale, l'Union soviétique avait établi son emprise sur l'Europe de l'Est, dont des pays catholiques : la Pologne, la Hongrie et la Tchécoslovaquie. Ce fut le début des persécutions dans les pays de l'Est. Le premier signal en est le procès Mindszenty : le 26 décembre 1948, le cardinal József Mindszenty, archevêque d'Esztergom et primat de Hongrie, ancien opposant au fascisme, est accusé de haute trahison, torturé et condamné à la prison à perpétuité en février 1949. Pie XII excommunie tous ceux qui ont participé à ce procès stalinien.

Philippe Chenaux : Dans l'entre-deux-guerres, c'est surtout l'Église orthodoxe russe qui avait subi des persécutions. Mais les choses changent avec la guerre : l'Église orthodoxe était devenue l'alliée du pouvoir soviétique et l'Église catholique, en particulier le Vatican, était devenue la cible principale, l'ennemi à abattre aux yeux du Kremlin. Le procès Mindszenty (février 1949) constitue le point culminant de ces attaques. Vu de Rome, l'Église se percevait comme étant en état de siège, attaquée de toutes parts. La propagande soviétique elle-même en rajoutait sur Pie XII : « valet de l'impérialisme yankee », « agent de la CIA »… On tentait, déjà, de susciter une polémique concernant son attitude pendant la guerre.

Dès 1936, le secrétaire d'État Pacelli avait effectué un voyage très remarqué aux États-Unis au cours duquel il avait noué une relation assez personnelle avec Roosevelt, ce qui avait conduit ce dernier à déléguer à Rome un représentant personnel spécial en la personne de l'industriel Myron Taylor à partir de la fin 1939 et jusqu'en 1950. Tout au long de la guerre existait donc déjà une relation assez étroite entre le Vatican et les États-Unis ; au lendemain de la guerre, plus que jamais, les États-Unis apparaissaient comme la seule puissance en mesure de contenir la menace de l'Union soviétique, ce qui fait qu'on peut parler d'un certain atlantisme de Pie XII, au moins jusqu'au début des années 1950. Cet atlantisme le conduisit, par exemple, à appuyer très clairement l'adhésion de l'Italie à l'OTAN en 1949.

Philippe Levillain : Après la mort de Staline en 1953, Pie XII lui-même, ayant constaté que l'Union soviétique infléchissait sa politique dans la perspective nouvelle d'une coexistence pacifique, envisageait la possibilité de rétablir des relations diplomatiques. Après tout, il était resté diplomate. Mais ces tentatives ne débouchèrent sur rien de concret dans les années 1950.

Pie XII meurt le 9 octobre 1958. Le conclave élit Mgr Angelo Giuseppe Roncalli, patriarche de Venise et ancien nonce en Turquie, en Grèce et en France. Il monte sur le trône pontifical sous le nom de Jean XXIII. Trois mois plus tard, le 25 janvier 1959, il déclare son intention de convoquer un concile œcuménique. Son pontificat ainsi que celui de son successeur, Paul VI, vont être l'occasion d'un changement d'attitude face au bloc communiste.

S. Ém. le cardinal Poupard, président émérite du conseil pontifical de la Culture : Les dernières années de Pie XII, le temps était étale ; et puis, tout d'un coup, l'histoire s'est mise en mouvement. Je me rappelle très bien du tout début du pontificat de Jean XXIII puisque je suis arrivé à la secrétairerie d'État en 1959 – je n'avais pas encore trente ans…

J'en garde l'image d'un pape qui, sans rien changer apparemment, a introduit un profond renouveau. Cela est dû, à mon sens, au fait que Roncalli avait passé toute sa vie hors de Rome, contrairement à ses prédécesseurs qui n'avaient connu que le Vatican avant de devenir pape. Originaire de Bergame, il avait sillonné les Balkans, l'Anatolie, la France – dont il avait gardé un souvenir merveilleux… Il était donc porteur d'une autre vision du monde : Rome n'était plus le centre du monde, il fallait reconnaître que les autres religions, en particulier l'orthodoxie et l'islam, avaient aussi part à ce monde. C'est cette autre vision du monde qui l'a conduit à convoquer un concile. On raconte qu'un jour, alors qu'il se trouvait dans sa bibliothèque privée au-dessus de la place Saint-Pierre, il a ouvert la fenêtre et s'est exclamé : « Voilà la consigne : un peu d'air frais ! »

Contrairement à ce que l'on croit, le concile n'est pas une affaire interne à l'Église ; c'est un rapprochement de l'Église et du monde. Vatican II naît aussi de la prise de conscience que l'Église, qui est par vocation « catholique », c'est-à-dire universelle, s'est réduite au fil des siècles à une Église européenne. Lors du premier concile du Vatican, en 1870, presque tous les évêques étaient européens, même ceux qui avaient la charge de diocèses d'Afrique. À l'inverse, le concile Vatican II a donné une visibilité inédite à des évêques africains, asiatiques… Il a mis en lumière la pluralité réelle de l'Église, qui n'a cessé de s'affirmer depuis.

Voici une anecdote qui illustre bien le caractère de Jean XXIII. En 1960, dès avant l'ouverture du concile, il reçoit Geoffrey Fisher, l'archevêque de Canterbury, autrement dit le chef de l'Église anglicane (après la reine). Le lendemain de leur entretien, il confie à un petit groupe, dont je faisais partie : « Chers amis, je vais vous faire une petite confidence. Hier j'ai eu une visite : c'était *dottore* Fisher. Et juste avant qu'il entre, je me suis dit : "Giovanni, tu vas recevoir *dottore* Fisher. Ce n'est pas n'importe qui : c'est un chef d'Église. Et tu as beau être pape, tu ne peux pas changer le Credo…" Pourtant, quand *monsignore* est entré, nous sommes tombés dans les bras l'un de l'autre et nous nous sommes embrassés – parce que nous sommes frères. Des frères éloignés depuis tellement longtemps que nous avons oublié que nous sommes frères. » Comme dans les histoires de familles, certaines brouilles se perpétuent pendant des générations alors qu'on a oublié pourquoi, au juste, on s'était fâché. Le génie tout simple de Jean XXIII a été de prendre l'initiative de revenir à cette réalité : que nous sommes frères.

Philippe Levillain : Il faut ainsi attendre la mort de Pie XII et l'avènement de Jean XXIII pour qu'on assiste à un net réchauffement dans les relations entre Rome et Moscou. L'initiative vient de Jean XXIII qui, dès le lendemain de son élection, cherche à rétablir le contact avec les dirigeants soviétiques dans l'intérêt de la paix du monde : à ses yeux, il n'y a pas d'alternative à la paix, et la paix passe par l'établissement d'une forme de coexistence avec l'Union soviétique. Et l'œcuménisme, sensible dans l'esprit du concile, est aussi une carte qui est jouée dans ce rapprochement.

Sous Khrouchtchev, l'Union soviétique déstalinisée retrouve une place d'interlocuteur légitime dans le concert des nations. À partir de 1962, la guerre froide entre dans l'ère de la détente : après la crise des missiles cubains, les deux grandes puissances comprennent qu'elles doivent à tout prix éviter un conflit nucléaire.

Philippe Chenaux : En novembre 1961, Jean XXIII reçoit, pour ses quatre-vingts ans, une surprise : un télégramme dans lequel Khrouchtchev lui souhaite un joyeux anniversaire ! Ç'aurait été absolument inimaginable sous Pie XII, quelques années plus tôt. Ce changement, apparemment soudain, d'attitude s'explique par les efforts souterrains de la diplomatie italienne. Quelques mois plus tôt, en août 1961, le président du Conseil Amintore Fanfani, démocrate-chrétien allié aux sociaux-démocrates, avait fait le voyage à Moscou.

Là, il avait expliqué à Khrouchtchev que, s'il désirait à son tour venir en visite officielle à Rome, il fallait absolument qu'il évite que Jean XXIII se comporte comme Pie XI lors de la visite de Hitler en 1938, lorsqu'il était parti à Castel Gandolfo pour ne pas avoir à le recevoir. Il explique donc à Khrouchtchev comment « arrondir les angles » avec le pape. Et, bien sûr, le pape n'ignore rien de ce que Fanfani raconte à Khrouchtchev… Tout cela aboutit, le 7 mars 1963, à la visite d'Alexeï Adjoubei, directeur des *Izvestia*, le journal officiel du Soviet suprême, et de sa femme, la fille de Khrouchtchev.

S. Ém. le cardinal Silvestrini, préfet émérite de la congrégation pour les Églises orientales : Adjoubei n'est pas là en visite officielle : il fait partie d'un groupe qui assiste à une cérémonie au Vatican et qui s'est rendu ensuite auprès du Saint-Père. C'est le pape qui a tenu à lui parler. Certains l'ont critiqué pour cela ; voici ce qu'il a expliqué, le surlendemain, à Mgr François Marty, archevêque de Reims : « Voyez-vous, me dit-il, je sais que plusieurs ont été surpris de cette visite ; certains même furent peinés. Pourquoi ? Je dois recevoir tous ceux qui frappent à ma porte. Je les ai vus […] et nous avons parlé des enfants ; il faut toujours s'entretenir des enfants […]. Je voyais que Mme Adjoubei pleurait. Je lui ai donné un chapelet, suggérant qu'elle ne devait pas en connaître l'utilité et qu'elle n'était pas tenue à le dire, bien sûr ! Mais qu'en le regardant, elle se rappellerait simplement qu'autrefois vivait une maman qui était parfaite. »

Un mois plus tard, les *Izvestia* publient l'encyclique *Pacem in Terris*. Qui aurait pu imaginer, à la fin des années 1950, que le journal officiel du Soviet suprême publierait une encyclique ?

Philippe Chenaux : Jean XXIII, dans deux encycliques sociales, *Mater et Magistra* en 1961 et surtout *Pacem in Terris* en 1963, explique qu'il faut distinguer entre l'erreur et celui qui la commet : l'erreur est toujours à condamner, mais on peut, on doit même entrer en dialogue avec ceux qui sont dans l'erreur pour tenter, précisément, de les en sortir. Il distingue de même les idéologies des mouvements historiques qui s'en réclament. Cette théologie du dialogue fournit l'assise théorique de l'*Ostpolitik* vaticane dans les années 1960 et 1970.

S. Ém. le cardinal Poupard : La conviction du pape Jean XXIII était la suivante, exprimée dans son langage imagé mais sur un ton grave : « Je suis un père de famille. Si j'ai des enfants qui sont en prison, qu'est-ce que je vais faire ? Je vais tenter de parler avec le geôlier pour ouvrir les fenêtres et leur donner un peu d'air… »

*L'*Ostpolitik *ne se réduit pas à un dialogue entre le Saint-Siège et les gouvernements soviétiques : elle doit aussi impliquer les Églises locales, lesquelles, subissant au quotidien la persécution, sont a priori opposées à toute conciliation avec le « monstre » communiste. Le concile Vatican II va être aussi l'occasion de redéfinir le rôle des Églises catholiques de l'Europe de l'Est. La*

Tchécoslovaquie, la Hongrie et la Pologne présentent trois situations différentes qu'il s'agit de régler séparément. Le concile se déroule sur quatre sessions : du 11 octobre au 8 décembre 1962, du 29 septembre au 4 décembre 1963, du 14 septembre au 21 novembre 1964 et du 14 septembre au 8 décembre 1965.

Philippe Chenaux : En avril 1963, au lendemain de la première session du concile, le cardinal Franz König, archevêque de Vienne, se rend en grand secret à Budapest pour rencontrer le cardinal Mindszenty, qui avait trouvé refuge à l'ambassade américaine lors de l'insurrection de 1956 et qui s'y trouvait confiné depuis lors. Quelques jours plus tard, Jean XXIII envoie tout aussi secrètement l'un de ses diplomates, Mgr Agostino Casaroli, à Budapest et à Prague pour « prendre langue » avec les dirigeants de ces pays. Il rencontre également le cardinal Mindszenty, ainsi que l'archevêque de Prague, Mgr Beran, lui-même emprisonné depuis 1949. Dans la mesure où Jean XXIII meurt un mois après avoir mandaté Casaroli, c'est à Paul VI qu'il revient de mettre en œuvre cette *Ostpolitik* initiée par le « bon pape Jean ».

Jean XXIII meurt entre les deux premières sessions, le 3 juin 1963. Mgr Montini, qu'il avait fait cardinal dès décembre 1958 et qu'il avait pris comme son plus proche conseiller, lui succède le 21 juin 1963 sous le nom de Paul VI.

S. Ém. le cardinal Poupard : Je me rappelle très bien cette période puisque j'accompagnais alors Mgr Casaroli dans ses voyages secrets en Europe de l'Est. Pour son premier voyage, Mgr Casaroli était seul. Il m'a raconté les situations difficiles dans lesquelles il s'était parfois trouvé quand, à la demande de son interlocuteur, ils devaient quitter l'immeuble où ils étaient pour poursuivre leur conversation dans la rue, à l'abri d'oreilles indiscrètes… Quand je l'ai accompagné par la suite, j'ai vite appris que la voiture était l'endroit où l'on pouvait parler. Lors de mon premier voyage en Hongrie, on m'avait logé dans l'appartement officiel du cardinal Mindszensty à Esztergom – j'étais très impressionné. Quand, le lendemain de mon arrivée, le secrétaire de l'archevêque est venu me chercher en voiture pour m'emmener à Budapest, j'ai raconté une histoire drôle. Le secrétaire-chauffeur, qui était censé ne pas parler un traître mot de français, a éclaté de rire… J'en ai déduit que, même dans la voiture, je devrais surveiller mes paroles. J'ai appris par la suite que ce secrétaire ouvrait également le courrier de l'archevêque.

J'ai fait la même expérience en Union soviétique. Quand je suis descendu de l'avion, un « ange gardien » m'attendait et ne m'a pas lâché avant de m'y avoir remis dix jours plus tard. Une certaine connivence était née entre nous et il m'a dit, en me quittant : « Vous savez, c'est moi qui ai traduit votre livre sur le Vatican. » Sauf que mon livre, paru en 1963, n'était pas censé avoir été traduit en russe… En fait, mon « ange gardien » avait traduit mon ouvrage à l'usage exclusif du

Kremlin – ce qui explique pourquoi les lettres qui arrivaient de Moscou au Vatican étaient toujours adressées à la bonne personne…

S. Ém. le cardinal Silvestrini : Ces deux visites à Beran et à Mindszenty ont plusieurs effets. Tout d'abord, elles initient une nouvelle approche du bloc communiste de la part du Saint-Siège. Réciproquement, ces pays communistes donnent des gages de bonne volonté en autorisant certains de leurs évêques à se rendre à Rome pour participer au concile. Plus encore, l'Église orthodoxe russe finit par envoyer deux délégués – sans aucun doute avec l'accord du Kremlin –, ce qui met en porte-à-faux les autres Églises orthodoxes qui avaient déclaré qu'elles ne viendraient pas. Elles décident donc, elles aussi, de participer finalement au concile, ce qui marque une vraie nouveauté.

Les pourparlers avec la Tchécoslovaquie sont fastidieux, et il faut bien avouer qu'ils débouchent sur peu de chose. Le Vatican parvient quand même à nommer quatre évêques, mais n'obtiendra plus rien jusqu'à la chute du régime en 1989. De même, un accord est conclu avec la Yougoslavie. La Hongrie, dirigée par János Kádár, se montre plus réceptive, et l'on parvient à nommer de nouveaux évêques dans les diocèses vacants. Reste à résoudre le cas Mindszenty. Le cardinal, opposé à toute compromission avec le régime communiste, est toujours confiné à l'ambassade américaine de Budapest. Les Américains aimeraient bien être débarrassés de cet hôte encombrant. Au sein du gouvernement hongrois même, on craint que le cardinal, à la santé déclinante, ne finisse par mourir en martyr. La solution n'est trouvée qu'en 1971 : Paul VI déclare le cardinal Mindszenty « victime de l'histoire » – et non « victime du communisme » – et lève l'excommunication de ceux qui l'avaient condamné en 1949 ; en échange, la Hongrie le laisse partir, le 28 septembre. Mindszenty, en toute logique, est attendu à Rome ; mais il se brouille avec le Saint-Siège. Il veut en effet publier, sans se censurer aucunement, ses Mémoires de résistant antifasciste et anticommuniste. Le Vatican est d'accord à la condition qu'il démissionne de sa charge d'archevêque, ce qu'il refuse, tout comme il refuse de démissionner pour une question d'âge, bien qu'il ait soixante-dix-neuf ans et que l'usage veuille qu'un évêque démissionne à soixante-quinze ans. Finalement, Paul VI le privera de ses titres en 1973, mais laissera le poste vacant jusqu'à sa mort en 1975.

S. Ém. le cardinal Poupard : La situation était très différente en Pologne dans la mesure où le catholicisme est indissociable de l'identité polonaise, ce qui n'est pas vrai en Hongrie ou en Tchécoslovaquie.

La figure dominante de l'Église polonaise était le cardinal Stefan Wyszyński, archevêque de Varsovie de 1948 à 1981 et primat de Pologne. Il avait personnellement subi de plein fouet les persécutions de l'Église dans les années d'après-guerre et incarnait la résistance au communisme – à tel point qu'en 1978, on pensait que c'est lui qui serait élu pape et non pas son jeune évêque de Cracovie, Karol Wojtyła.

La première fois que je l'ai rencontré, il m'a raconté

son histoire personnelle pendant plus d'une heure : ses actions, son arrestation... Et il m'a expliqué comment en 1950, au plus fort de la lutte entre l'Église et les communistes, Władysław Gomułka, l'un des hommes forts du régime, est venu le voir en lui disant : « Ça ne peut pas continuer. Discutons. » Et ils ont discuté jusque tard dans la nuit, et ont conclu un pacte pour sauver la patrie : l'Église étant objectivement la seule opposition au pouvoir communiste, il était dans l'intérêt de tous que cette opposition ne dégénère pas en guerre civile. Et, me dit le cardinal, « nous avons toujours respecté ce pacte. Et nous avons sauvé la patrie ».

S. Ém. le cardinal Silvestrini : La Pologne mène sa propre vie religieuse, avec une Église compacte et puissante face à laquelle le régime est obligé de se tenir à carreau. Le cardinal Wyszyński dispose notamment d'un privilège unique, à savoir que le Saint-Siège l'autorise à choisir lui-même les évêques qu'il propose pour la consécration épiscopale. On peut dire qu'il a dirigé la résistance polonaise jusqu'à la fin de sa vie. Il ne fait aucun doute que la Pologne doit le succès de sa résistance à la force de caractère de Wyszyński.

Philippe Chenaux : L'épiscopat de l'Europe de l'Est intervient très fortement dans le concile. L'une de ces voix est celle du jeune archevêque de Cracovie, Karol Wojtyła. Dès ce moment-là, il est repéré par ceux qui le feront pape en 1978, en particulier par le cardinal König – et ceci, pas seulement du fait de son anticommunisme. Il joue un rôle important dans l'élaboration de la constitution pastorale « sur l'Église dans le monde de ce temps » intitulée *Gaudium et Spes* (Les Joies et les Espoirs [« les tristesses et les angoisses des hommes de ce temps, des pauvres surtout et de tous ceux qui souffrent, sont aussi les joies et les espoirs, les tristesses et les angoisses des disciples du Christ, et il n'est rien de vraiment humain qui ne trouve écho dans leur cœur...] »). Il se prononce très clairement en faveur de la fameuse déclaration *Dignitatis Humanae* sur la liberté religieuse, dont les évêques d'Europe de l'Est ont besoin dans leur lutte, et est particulièrement clair dans la distinction qu'il opère entre marxisme, athéisme et indifférentisme. Cet engagement est prémonitoire : devenu pape, Jean Paul II jouera précisément cette carte de la liberté religieuse et des droits de l'homme, ce qu'il n'aurait pas pu faire si le concile ne s'était pas prononcé de manière très claire sur ces questions.

Au final, force est de constater que cette *Ostpolitik* des années 1960 n'a pas produit de grands résultats ; mais elle a au moins permis au Vatican de prendre part au processus d'Helsinki qui sera si important pour la suite.

IX.

La 3e corbeille

Au début de l'année 1972, Leonid Brejnev, dans l'espoir d'entériner définitivement les frontières issues du partage informel de Yalta, engage des négociations préliminaires en vue de réunir une conférence pour la coopération et la sécurité en Europe. Trente-cinq États participent à ces négociations : la quasi-totalité des États européens (à l'exception de l'Albanie et de la principauté d'Andorre) ainsi que les États-Unis et le Canada. Le Vatican y participe de plein droit.

Ces négociations sont menées en plusieurs étapes. La phase préliminaire se déroule dans le centre de conférences Dipoli, sur le campus de l'université technologique d'Helsinki, dans les faubourgs de la capitale finlandaise, de novembre 1972 à mars 1973. La phase I se déroule à Helsinki pendant cinq jours seulement, à partir du 3 juillet 1973. La phase II, la principale, a lieu à Genève du 18 septembre 1973 au 21 juillet 1975. La phase finale, ou phase III, dure du 30 juillet au 1er août 1975, au palais Finlandia d'Helsinki. Elle voit la signature des célèbres accords d'Helsinki[1]*, dont les dispositions sont regroupées en trois « corbeilles ». La première porte sur la sécurité : respect des frontières, bannissement des conflits armés, etc.*

1. Texte intégral consultable à l'adresse suivante : http://www.osce.org/documents/mcs/1975/08/4044_fr.pdf

La deuxième concerne les échanges économiques, scientifiques, etc. La fameuse « 3ᵉ corbeille », enfin, porte sur les droits de l'homme, en particulier sur la libre circulation des personnes, des savoirs et de l'information. La première de ces trois « corbeilles » s'ouvre en outre par une liste de dix principes directeurs dont le septième s'intitule ainsi : « Respect des droits de l'homme et des libertés fondamentales, y compris la liberté de pensée, de conscience, de religion ou de conviction. »

De l'aveu, aujourd'hui, des anciens responsables du KGB, ce préambule et cette « 3ᵉ corbeille » furent le virus de la liberté, le ver dans le fruit, le début du processus qui allait, quinze ans plus tard, conduire à la chute du mur de Berlin.

Jacques Andréani, ancien ambassadeur de France, chef de la délégation française à Helsinki : La seconde moitié des années 1960 voit le conflit Est-Ouest passer d'une phase de guerre froide pure et simple marquée, notamment du coté soviétique, par des tentatives pour changer la situation, pour gagner des avantages territoriaux et politiques aux dépens de l'Ouest (notamment en Allemagne), à une phase de détente. Ce n'est pas du tout une détente absolue : on n'est pas « amis ». Cependant, on observe une alternance entre confrontation et coopération : les États se parlent, des dialogues s'instaurent. Ces dialogues sont d'abord bilatéraux : entre RFA et RDA sous Willy Brandt, entre la France du général de Gaulle et l'Union soviétique, et entre les États-Unis et l'URSS, avec le fameux « téléphone rouge ». Les négociations d'Helsinki marquent le passage à une nouvelle phase, celle d'un véritable dialogue multilatéral, à l'échelle de toute l'Europe et même du monde.

L'initiative en revient à l'Union soviétique, qui désire entériner la division de l'Europe en deux blocs, avec une Allemagne de l'Est et une Allemagne de l'Ouest. Il ne faut pas oublier qu'à l'époque, nous, Européens de l'Ouest, ne reconnaissons pas les régimes communistes d'Europe de l'Est car nous considérons qu'ils n'ont de « démocratique » que le nom. Face à cette proposition de Brejnev de conclure des accords de coopération et de reconnaissance mutuelle, l'Europe peut adopter deux attitudes différentes. La première serait celle du refus pur et simple. On dirait aux Soviétiques : « C'est vous qui avez mis l'Europe dans cet état déplorable dont vous prétendez vouloir sortir. Mais vous ne faites rien pour cela ! Alors, si maintenant vous voulez en sortir, faites-le carrément : détruisez le mur de Berlin, acceptez des élections démocratiques et libres pour réunifier l'Allemagne ! Si vous refusez, il ne sert à rien de discuter. » L'autre attitude possible consisterait à procéder par étapes, à poser quelques conditions préalables et à « grignoter » peu à peu de plus en plus de concessions. C'est cette deuxième attitude qui l'emporte, notamment sous l'influence de la France.

À cette époque, depuis 1965 environ, les deux blocs discutent via leurs organisations respectives, l'OTAN et le Pacte de Varsovie. Un jour, les diplomates du Pacte de Varsovie remettent officiellement aux gouvernements occidentaux un appel à participer à cette conférence internationale ; en retour, à la réunion suivante de l'OTAN, on demande aux diplomates occidentaux de remettre aux gouvernements communistes un communiqué acceptant de se rendre à cette conférence. Il s'agit là d'un fonctionnement très inhabituel. Normalement, le communiqué d'une réunion internationale n'est jamais remis officiellement par un diplomate : il est censé être publié dans la presse, et chaque invité en prend connaissance en lisant le journal.

Le Vatican est lui aussi invité, non en tant que simple observateur – comme à l'ONU –, mais en tant que participant de plein droit, ce qui veut dire que la signature de Mgr Silvestrini vaut autant que la signature de M. Giscard d'Estaing ou du camarade Brejnev. Le Saint-Siège répond positivement par un mémorandum très sobre, disant qu'il est partisan de la coopération entre les peuples, etc. En revanche, je ne sais pas qui a eu l'idée d'inviter le Vatican.

S. Ém. le cardinal Silvestrini, représentant du Saint-Siège aux accords d'Helsinki : L'invitation adressée au Saint-Siège vient du Pacte de Varsovie, plus précisément de son organe non militaire, le comité consultatif politique, basé à Budapest. Les pays occidentaux, s'ils n'y sont pas opposés, ne prennent aucune initiative dans ce sens.

Lors des pourparlers préliminaires de novembre 1972, Mgr Joseph Žabkar, le pro-nonce en Finlande, assis à mes côtés, déclare en ouverture que le Saint-Siège entend s'abstenir de voter si sa voix risque de soulever des controverses politiques. On part donc dans un esprit de neutralité bienveillante.

S. Ém. le cardinal Poupard : Brejnev tenait à ce que le Saint-Siège soit présent afin qu'il serve de caution à la fixation des frontières à laquelle il prétendait.

Philippe Chenaux : Le fait que le Vatican soit invité par les pays de l'Est peut être compris comme l'acquis principal de l'*Ostpolitik* du Vatican. Il va lui permettre de faire entendre sa voix, notamment en ce qui concerne le respect des droits de l'homme et des libertés fondamentales. Dès le début des négociations, les diplomates du Saint-Siège, tels Mgr Casaroli et Mgr Silvestrini, insistent fortement sur l'importance de la « 3e corbeille ». Même si le Vatican n'est pas seul dans cette entreprise, on peut dire que les accords d'Helsinki représentent un succès diplomatique pour le Saint-Siège, en particulier à la lumière de la formidable légitimité qu'ils ont fournie aux mouvements de dissidence en Europe de l'Est.

Pourtant, on perçoit dans les notes de Casaroli conservées dans les archives une hésitation, de la part de Paul VI, à s'engager dans un processus politique strictement européen alors que l'Église, dès l'époque de Benoît XV et bien plus encore depuis Vatican II, se veut résolument universelle et ne veut plus s'identifier uniquement à l'Europe et à l'Occident. Mais l'enjeu en vaut la peine : la paix en Europe ! Et puis, c'est l'occasion, pour le Saint-Siège, de rentrer dans le jeu des affaires internationales par la grande porte : en effet, il n'a pas été convié officiellement à participer à une grande réunion internationale depuis le congrès de

Vienne qui, en 1815, avait redessiné les frontières de l'Europe au sortir de l'aventure napoléonienne. Que la voix du Vatican se fasse entendre dans le concert des nations tient très à cœur à Paul VI : c'est dans cette optique qu'il s'est fait le premier « pape voyageur » et qu'il a prononcé en octobre 1965 un grand discours sur la paix à la tribune de l'ONU.

Jacques Andréani : Outre la délégation soviétique menée par Andreï Gromyko, l'URSS envoie également une délégation du KGB, qui est ainsi officiellement représenté. Le KGB a son mot à dire sur à peu près toutes les questions figurant à l'ordre du jour ; mais il est intéressant de noter que, dans l'ensemble, sa position n'est pas aussi négative, aussi conservatrice qu'on pourrait le croire. On sait aujourd'hui que le patron du KGB de l'époque, Youri Andropov – qui devait succéder à Brejnev en 1982 avant de mourir en 1984 et d'être remplacé par Tchernenko puis Gorbatchev –, n'était pas du tout hostile à un dialogue avec l'Ouest. Sans être un réformateur aussi radical que Gorbatchev, il comprenait que le système avait besoin d'évoluer et qu'il fallait faire un certain nombre de concessions.

Après avoir accepté le principe de cette conférence, nous commençons donc par poser des conditions préalables, comme le respect de l'accord quadripartite sur Berlin qui garantissait la présence des troupes occidentales à Berlin-Ouest et son statut indépendant par rapport à la RDA. Nous incluons également cette exigence d'une (plus) libre circulation des hommes, des idées et des informations. Il s'agit en réalité d'une idée ancienne, que nous travaillons depuis le premier Sommet de Genève, en 1955. Elle nous permet de poser la question de la légitimité des régimes communistes et de l'inféodation des pays d'Europe de l'Est à l'Union soviétique. Puisqu'on ne peut pas leur demander, de but en blanc, de démanteler leurs institutions et de convoquer des élections libres à l'occidentale, on les enjoint dans un premier temps d'assouplir les contacts humains, de permettre à leurs citoyens de voyager à l'étranger, aux journalistes occidentaux de travailler correctement dans leurs pays sans être constamment menacés par la police, etc., et, plus globalement, d'accepter un peu plus de diversité politique. Autrement dit, il ne faut pas que le principe de souveraineté des États se retourne contre les citoyens de ces États, il ne faut pas que les frontières deviennent les barreaux d'une prison.

Au final, nous parvenons donc, tout en respectant le principe de non-ingérence, à soulever la problématique du rapport entre les régimes communistes et leurs citoyens et à l'inscrire dans le préambule des accords. C'est la première fois qu'on en vient à formuler ce principe qui aujourd'hui nous paraît évident, à savoir qu'indépendamment des relations entre États, chaque État a le devoir de respecter les droits de l'homme concernant ses propres citoyens.

Le Vatican s'intéresse beaucoup à ces discussions de principes généraux. Il montre qu'il est un État, certes différent des autres, mais qui se soucie de la valeur de la personne humaine et de la nécessité de protéger le bien premier des hommes sur terre, à savoir le droit à la vie et le droit à la paix. Il a donc pour objectif, d'une part de trouver les conditions les plus favorables à une paix effective et durable entre les nations, d'autre part d'affirmer le devoir de chaque État de respecter les droits de l'homme. L'un des droits de l'homme dont le Saint-Siège est particulièrement soucieux est, bien entendu, celui de la liberté religieuse. Il est très actif dans les négociations sur cet article qui va devenir le septième point de principe du préambule des accords. Sur cette question, il mène avec la délégation soviétique une discussion presque en tête-à-tête. En réalité, l'URSS n'est pas inquiète à l'idée de discuter de la liberté de *culte*, c'est-à-dire la liberté d'aller à l'église, de participer à la messe, etc. Cette liberté est même garantie par sa Constitution. En revanche, elle est beaucoup plus méfiante vis-à-vis de la liberté *religieuse* au sens large, dans la mesure où elle se confond quasiment avec la liberté de conscience et peut donc légitimer des mouvements dissidents. La délégation soviétique espère donc convaincre les représentants du Saint-Siège de circonscrire leurs exigences à la garantie de la liberté de culte.

S. Ém. le cardinal Silvestrini : Lors de ces négociations, j'ai l'occasion de rencontrer les diverses délégations, y compris celles des pays satellites de l'Union soviétique. Au bout d'un moment, celles-ci nous disent qu'il serait plus simple que nous consultions directement la délégation soviétique. C'est alors que je suis amené à rencontrer Lev Mendelevitch, le diplomate soviétique chargé de la « 1re corbeille », c'est-à-dire notamment des dix principes. Mendelevitch est un homme courtois, qui sait être très aimable sur ces points de discussion : il m'écoute exprimer notre position et en réfère en haut lieu. Ces négociations sur la liberté de religion donnent lieu à de très belles discussions et l'on sent même, à un moment, que tous les pays sont ouverts au débat. Mendelevitch va jusqu'à me conseiller : « Si vous voulez faire qu'un pays s'exprime en faveur de votre proposition, choisissez l'Autriche ou l'Irlande, qui sont catholiques et neutres ; mais ne demandez pas à un pays de l'OTAN, ce serait contre-productif… »

C'est en mars 1973 qu'a lieu, pour nous, le tournant majeur. Quand nous présentons cette proposition sur la liberté religieuse, elle apparaît comme quelque chose de très important, de nouveau et d'imprévu. Plus encore, dans la perspective de la deuxième phase des négociations, qui doit avoir lieu à Genève à partir de septembre 1973, nous obtenons que ce principe de la liberté religieuse soit reconnu comme « valeur commune » dont les États doivent tenir compte dans leurs rapports. Nous insistons également sur le fait que la liberté religieuse concerne non seulement les catholiques et les croyants en général, mais aussi les athées. Je me souviens qu'un diplomate est-allemand m'a demandé : « Ah bon, vous proposez l'extension de cette valeur y compris aux non-croyants ? » Je lui ai répondu : « Oui, du fait que le concile, dans *Dignitatis Humanae*, a déclaré que la liberté religieuse était une prérogative de chaque personne, y compris athée, et qu'il convient de la respecter. »

Le texte de ce septième principe, qui relève de la « 1re corbeille » mais qui est organiquement lié aux dispositions de la « 3e corbeille », s'énonce ainsi :

« Les États participants sur le territoire desquels existent des minorités nationales respectent le droit des personnes appartenant à ces minorités à l'égalité devant la loi, leur donnent l'entière possibilité de jouir effectivement des droits de l'homme et des libertés fondamentales et, de cette manière, protègent leurs intérêts légitimes dans ce domaine.

Les États participants reconnaissent l'importance universelle des droits de l'homme et des libertés fondamentales, dont le respect est un facteur essentiel de la paix, de la justice et du bien-être nécessaires pour assurer le développement de relations amicales et de la coopération entre eux, comme entre tous les États.

Ils respectent constamment ces droits et libertés dans leurs relations mutuelles et s'efforcent, conjointement et séparément, y compris en coopération avec les Nations unies, d'en promouvoir le respect universel et effectif.

Ils confirment le droit de l'individu de connaître ses droits et devoirs dans ce domaine et d'agir en conséquence.

Dans le domaine des droits de l'homme et des libertés fondamentales, les États participants agissent conformément aux buts et principes de la Charte des Nations unies et à la Déclaration universelle des droits de l'homme. Ils s'acquittent également de leurs obligations telles qu'elles sont énoncées dans les déclarations et accords internationaux dans ce domaine, y compris, entre autres, les pactes internationaux relatifs aux droits de l'homme, par lesquels ils peuvent être liés. »

S. Ém. le cardinal Silvestrini : Par la suite, nous retournons régulièrement à Genève pour discuter des autres points, en particulier du contenu de la « 3e corbeille », laquelle porte, notamment, sur les dispositions pratiques de la garantie de cette liberté religieuse. Cela implique, en particulier, l'échange de délégations religieuses. Sur ce point, les négociations avec les pays du bloc communiste ne sont pas simples, mais nous finissons par faire accepter nos revendications.

Jacques Andréani : À Genève, Gromyko ne veut pas entendre parler de cette « 3e corbeille ». Il dit qu'elle n'existe pas, qu'elle n'a jamais été à l'ordre du jour. Quand on lui fait remarquer qu'il en a pourtant approuvé le principe dans les documents préliminaires qu'il a signés à Helsinki, il dit : « La “3e corbeille” n'existe pas. On n'a qu'à couper. Puisque c'est une corbeille, c'est facile, on coupe le fond et tout va tomber ! »

De son côté, Kissinger, qui représente les États-Unis, ne croit pas du tout aux « dix principes » ni à la « 3e corbeille ». Pour lui, tout cela n'est que de la propagande inutile : ce n'est pas parce qu'on va vendre à Moscou cinquante exemplaires du *New York Times* où figurera ce texte que le régime soviétique va s'effondrer. Il trouve que ce processus prend trop de temps, qu'on demande beaucoup trop de choses irréalistes, alors que lui voudrait reprendre un dialogue bilatéral avec la Russie sur l'essentiel à ses yeux, à savoir la maîtrise de la course aux armements.

Notre point de vue est différent : pour nous, plus nous favoriserons les échanges, non seulement économiques mais culturels, avec le bloc communiste, plus nous aurons de chances que ces régimes s'assouplissent, deviennent moins dogmatiques et acceptent plus sincèrement une coopération véritable, c'est-à-dire une coopération comportant des avantages et des concessions des deux côtés.

Le texte sur les droits de l'homme dans la « 1re corbeille » va très loin ; par exemple, il parle du « droit de chaque homme de connaître ses droits et d'agir en conséquence », formule révolutionnaire qui peut légitimer les dissidents – et ces derniers ne s'y tromperont pas, qui s'organiseront, dès l'année suivant la conclusion des accords d'Helsinki, en divers « groupes Helsinki ». Conjugué aux dispositions de la « 3e corbeille », notamment celle de la libre circulation des personnes, ce texte allait contribuer à la déstabilisation des régimes communistes. Mais, à l'époque, personne ne prévoit encore clairement ces conséquences.

S. Ém. le cardinal Silvestrini : Karol Wojtyła suit avec un intérêt certain les pourparlers d'Helsinki. En cela, son point de vue diverge de celui du cardinal Wyszyński, lequel craint que les négociations d'Helsinki ne soient une sorte de légitimation de la division de l'Europe et qu'elles renforcent ainsi les régimes communistes. Wojtyła, lui, voit les choses différemment : pour lui, l'Acte final d'Helsinki, qui sera diffusé dans tous les pays et que même les Soviétiques feront imprimer à plusieurs millions d'exemplaires, devient un outil de propagande pour les opposants aux régimes.

X.

Les âmes fortes

Paul VI meurt le 6 août 1978. Le 26 août, le conclave élit le patriarche de Venise, le cardinal Albino Luciani, qui devient pape sous le nom de Jean-Paul Ier. Mais ce dernier décède trente-trois jours plus tard. Le 14 octobre, le conclave se réunit donc à nouveau et élit deux jours plus tard l'archevêque de Cracovie, le cardinal Karol Wojtyła. Devenu pape, Jean-Paul II va mener une politique active à l'Est qui sera, selon tous les observateurs, déterminante dans la chute des régimes communistes.

S. Ém. le cardinal Cottier, théologien émérite de la Maison pontificale : Bien que nous ayons tous deux participé au concile, je n'ai remarqué Karol Wojtyła que bien plus tard, en 1974. J'étais en Italie pour un congrès sur saint Thomas d'Aquin à l'occasion du sept centième anniversaire de son décès et je suis passé par l'abbaye de Fossanova, où le grand théologien est mort. S'y tenait une concélébration ; l'homélie était prononcée par ce jeune évêque polonais qui parlait un italien parfait. Je me souviens m'être dit : « Dommage qu'il soit polonais, parce qu'il ferait un bon pape... » À l'époque, il était impensable que le pape ne fût pas italien.

S. Ém. le cardinal Poupard : En 1978, le conclave n'a pas élu un « pape polonais » : il a élu Karol Wojtyła. Certains, comme le cardinal König, l'avaient remarqué dès le concile. Mais Wojtyła n'aurait pas été élu sans Paul VI, qui l'a fait cardinal dès 1967, alors qu'il n'avait que quarante-sept ans. Cela lui a permis de participer aux retraites spirituelles auxquelles le pape convie annuellement le Collège cardinalice et donc de fréquenter régulièrement ses futurs électeurs, qui ont pu découvrir un jeune cardinal plein de vie et d'énergie, qui parlait parfaitement italien et qui était, si j'ose dire, d'une parfaite doctrine de foi.

N'ayant pas participé à ce conclave, je suis libre de vous raconter un secret. Juste après l'élection, un des cardinaux électeurs me raconte, amusé, qu'à un moment, les discussions s'enlisent à cause d'un désaccord entre deux cardinaux italiens – qui veulent, bien entendu, élire un compatriote. Les autres cardinaux s'impatientent et leur disent : « Mettez-vous d'accord, sinon nous irons chercher ailleurs… » Les Italiens ne les croient pas ; alors, me raconte ce cardinal électeur, « je suis allé trouver le cardinal Wyszyński et je lui ai dit : "Que penserait Votre Éminence d'un pape polonais ?" Il m'a répondu : "Je ne peux pas, je suis trop vieux…" ! » À ses yeux, Wojtyła était un gamin…

Au cours de l'homélie de sa messe d'intronisation, le 22 octobre 1978, Jean-Paul II prononce pour la première fois son célèbre « N'ayez pas peur » : « N'ayez pas peur ! Ouvrez, ouvrez toutes grandes les portes au Christ ! À sa puissance salvatrice, ouvrez les frontières des États, les systèmes économiques et politiques, les immenses domaines de la culture, de la civilisation, du développement. N'ayez pas peur ! » Tout le monde le comprend justement comme une adresse aux régimes communistes.

Peu après, Jean-Paul II annonce qu'il se rendra en 1979 en Pologne pour le neuf centième anniversaire de la mort de saint Stanislas, saint patron de la Pologne. Malgré le refus initial des autorités polonaises et russes, le pape effectue son voyage du 2 au 10 juin 1979. Dès son adresse aux autorités, le jour de son arrivée, il déclare que le désir de paix qu'ils disent professer « a une profonde signification éthique » mais que « la paix et la fraternité entre les peuples ne peut être atteinte que si elle est fondée sur le principe du respect des droits objectifs de la nation, tels que le droit à l'existence, à la liberté, à être un sujet politique et social, ainsi qu'à la formation de sa culture et de sa civilisation propre » – étant entendu que, comme il ne cessera de le répéter durant son voyage, la civilisation polonaise est profondément catholique.

Le lendemain, à la cathédrale de Gniezno, il voit dans l'élection d'un pape slave le signe donné par le Christ de l'unité de l'Europe chrétienne par-delà la division Est-Ouest, autre signal clair adressé à ceux qui l'ont coupée par un Rideau de fer. Lors de la messe de clôture, le 10 juin, à Cracovie, il réitère son message devant un million et demi de fidèles : « Nous devons œuvrer pour la paix et la réconciliation entre les peuples et les nations du monde entier. Nous devons tenter de nous rapprocher les uns des autres. Nous devons ouvrir les frontières... C'est pourquoi il n'y a pas à avoir peur. Nous devons ouvrir les frontières. Il n'y a pas d'impérialisme en l'Église, seulement le service. »

En juillet 1980, le gouvernement polonais, pour faire face aux difficultés économiques du pays, décide une augmentation générale des prix et un quasi-gel des salaires. Le 14 août, les ouvriers des chantiers navals de Gdańsk se mettent en grève. Le monde entier découvre les ouvriers retranchés en train de prier et de recevoir la communion à genoux, les images de la Vierge noire de Częstochowa et du pape affichées côte à côte sur les grilles fermées des chantiers. Le gouvernement est contraint de conclure avec les grévistes les accords de Gdańsk, qui autorisent, notamment, la création de syndicats indépendants. Le 17 septembre, fort de ce succès, le meneur de la grève, Lech Wałęsa, crée le premier syndicat non communiste du pays : Solidarność, « Solidarité ».

S. Ém. le cardinal Silvestrini : Le défi moral lancé par Jean-Paul II au régime communiste, lors de son voyage de 1979, a donné le courage nécessaire aux ouvriers de Gdańsk. La contribution de Jean-Paul II en faveur de Solidarność a été extrêmement importante. À l'époque, le pape, étant d'origine polonaise, avait sur place beaucoup d'amis qui lui communiquaient directement les nouvelles.

Le 13 décembre 1981, le gouvernement polonais décrète la loi martiale et réprime les manifestations organisées par Solidarność. Lech Wałęsa est emprisonné. L'évêque auxiliaire de Varsovie, Mgr Bronisław Dąbrowski, le rencontre secrètement avant de partir pour Rome. Le soir de Noël, en signe de solidarité, le pape allume un cierge à sa fenêtre, qui brûlera comme des milliers d'autres de par le monde. En janvier 1982, il prend publiquement parti : « "Solidarité" appartient au patrimoine de toutes les nations », dit-il, et il dénonce la partition du monde en sphères d'hégémonie.

S. Ém. le cardinal Silvestrini : Avant de se décider à prendre position publiquement, le pape a mûrement réfléchi, il a prié ; et après s'être décidé en son âme et conscience, il a parlé. Il avait l'intuition qu'il fallait le faire.

En juin 1983, après que la loi martiale a été levée et que Wałęsa a été libéré, le pape entreprend un deuxième voyage en Pologne. Il rencontre le leader de Solidarność mais également le Premier ministre, le général Wojciech Jaruzelski. Des témoins racontent qu'après leur premier tête-à-tête, ils ont vu Jaruzelski sortir livide.

S. Ém. le cardinal Silvestrini : Jaruzelski était un étrange personnage. Issu de la haute bourgeoisie d'avant-guerre, éduqué dans une école catholique, il avait d'abord été anticommuniste et avait même été déporté au Kazakhstan avant de rejoindre l'armée polonaise formée par l'Union soviétique pour combattre les nazis après la rupture du pacte germano-soviétique. Même quand il avait décrété la loi martiale pour écraser Solidarność, on sentait qu'il doutait de ses décisions. Quelques jours avant sa rencontre avec le pape, il m'a demandé, anxieux : « Que va dire le pape ? » Il n'était pourtant pas difficile d'imaginer ce qu'il allait dire : il plaiderait naturellement pour la liberté sociale, c'est-à-dire pour la liberté des ouvriers. Ce qui est curieux, c'est qu'il m'ait posé cette question, à moi qui ignorais la réponse... Je lui ai répondu : « Vous êtes polonais tous les deux. Vous êtes deux patriotes polonais, chacun à votre manière. Je pense que vous trouverez un moyen de vous entendre. »

S. Ém. le cardinal Poupard, à l'époque président du conseil pontifical pour le dialogue avec les Non-Croyants : Avec Jean-Paul II, on peut dire que le pivot de la diplomatie vaticane est passé de l'État à la nation. Quand je travaillais à la secrétairerie d'État à l'époque de Mgr Casaroli, la diplomatie traditionnelle du Saint-Siège était focalisée sur la relation avec les États. Jean-Paul II a, le premier, théorisé que l'État n'est légitime que dans la mesure où il représente la nation : provocation fantastique qui délégitimait à la racine les régimes communistes.

À cette époque, Jean-Paul II m'a demandé, en tant que président du conseil pontifical pour le dialogue avec les Non-Croyants, d'organiser des symposiums avec les philosophes marxistes d'Europe de l'Est. Il y en eut quatre : en 1984 à Ljubljana (alors en Yougoslavie), en 1986 à Budapest, en 1989 à Klingenthal (en RDA), et enfin, en mai 1991, à Moscou. Jean-Paul II était extrêmement attentif à ce qui s'y disait. Lors du premier symposium, nous avons dialogué sur le thème « foi et science » et avons conclu de concert que la foi comme la science avaient besoin de liberté. Au deuxième symposium, nous avons commencé à prendre la mesure des lézardes qui commençaient à parcourir le bloc soviétique : que de différences entre, d'une part, les marxistes orthodoxes de l'Institut moscovite, les Allemands de l'Est qui refusaient généralement de participer et, d'autre part, certains philosophes hongrois qui osaient dire qu'il fallait réintégrer dans la philosophie la réflexion sur l'amour, la mort et la souffrance, et donc sortir de la vulgate marxiste ! À la surprise de tous, les marxistes polonais se montraient les plus occidentaux, citant Jacques Maritain ou encore Emmanuel Mounier, le fondateur de la revue *Esprit*...

Alors que nous préparions le troisième symposium, j'étais en visite à Moscou quand un officiel soviétique m'a téléphoné. Il m'a dit : « Votre Éminence, il n'est pas possible de poursuivre ces rencontres chrétiens-marxistes : en vérité, ici même, à Moscou, on ne sait plus trop ce que c'est, Marx... » Le pape m'ayant encouragé à être créatif, j'ai répondu : « Ce n'est pas grave, on n'a qu'à transformer ça en dialogue entre croyants et non-croyants. – Vous savez, me répondit-il, les “non-croyants”, ce n’est pas très bien vu, aujourd’hui à Moscou. – Dans ce cas, proposai-je alors, pourquoi ne prendrions-nous pas comme base la “3e corbeille” des accords d’Helsinki ? – Formidable ! a-t-il conclu. Faisons cela ! » Lors de ce même voyage, un des mandarins de l’Académie des sciences moscovite m’a confié, lors d’un déjeuner de travail : « Vous savez, on peut séparer l’Église de l’État ; mais pas de la nation. » Quand j’ai rapporté cela au pape, il était époustouflé. Il s’est exclamé : « Pour l’Ouest, c’est capital ! » Ce troisième symposium a eu lieu en octobre 1989. Dans le même temps, le secrétaire d’État, Mgr Sodano, était à Moscou comme envoyé spécial pour préparer une très hypothétique (à l’époque) visite de Gorbatchev à Rome.

Quelques jours après, le Mur de Berlin tombait. C’était tellement impensable pour tout le monde… Nous avons tous été pris par surprise, même Jean-Paul II, qui m’a dit un jour : « Même moi, je ne m’y attendais pas. Pourtant, Dieu sait si l’on priait pour la chute du Mur… Personne ne pouvait prévoir qu’il s’écroulerait si vite, encore moins de cette façon, sans effusion de sang. »

S. Ém. le cardinal Silvestrini : L’année 1988 avait vu, à Moscou, la célébration du Millénaire du christianisme en Russie. Pour la première fois, les catholiques ukrainiens, notamment, avaient alors pu pratiquer leur culte publiquement. À cette occasion, Gorbatchev avait reçu dix cardinaux, parmi lesquels le secrétaire d'État, Mgr Casaroli. C'est à ce moment-là qu'on a commencé à préparer la venue de Gorbatchev à Rome en décembre 1989.

S. Ém. le cardinal Tauran : J'ai été témoin que le pape, pour se préparer à cette audience, a lu chaque jour, des semaines durant, le Nouveau Testament en russe, comme une prière. Jean-Paul II lisait le russe, mais ne le parlait pas couramment. Pour autant, comme il l'a raconté lui-même par la suite, lorsque le président Gorbatchev et lui se sont retrouvés seuls, chacun a parlé dans sa langue et ils se sont parfaitement compris. Entre les deux hommes, « le courant est passé », comme on dit. Malheureusement, je ne suis pas autorisé à vous dévoiler ce qui s'est dit lors de cette rencontre. Tout ce que je puis dire, c'est que le président Gorbatchev avait des manières de penser « modernes » : il n'était pas du tout prisonnier d'un système de pensée et était culturellement très ouvert.

S. Ém. le cardinal Sodano, à l'époque secrétaire du conseil pour les relations avec les États : Le président Gorbatchev tenait vraiment à ce que l'Europe écrive une nouvelle page de son histoire et il a compris quelle utilité il y aurait, dans ce cadre, à tisser des liens avec le Saint-Siège, notamment par le biais de l'institution d'une mission diplomatique. C'est ainsi que je me suis retrouvé à traiter avec le gouvernement soviétique pour que l'on puisse envoyer à Moscou un représentant du Saint-Siège, et qu'en retour un ambassadeur soviétique soit accrédité auprès du pape. Voilà comment l'ambassadeur Youri Karlov est devenu, en 1990, le premier représentant de l'Union soviétique auprès du Saint-Siège. Ensuite, peu à peu, le Saint-Siège a renoué avec tous les États nés de l'éclatement du bloc soviétique.

S. Ém. le cardinal Poupard : C'est du 22 au 24 mai 1991 qu'a eu lieu, à Moscou même, le dernier symposium chrétiens-marxistes, dont le thème fut « Démocratie et valeurs morales ». Le fait que les Soviétiques aient accepté de discuter du sujet proposé par le conseil pontifical pour le dialogue avec les Non-Croyants en disait long sur la situation sociopolitique et idéologique de la superpuissance communiste. Là, ils acceptaient de mettre en question leur idéologie et de la confronter avec la vision du monde démocratique de tradition chrétienne. Dans sa conclusion, le chef de la délégation soviétique a même parlé du « mensonge du communisme » ! Tout cela annonçait la fin prochaine du système, qui allait s'écrouler quelques mois plus tard.

S. Ém. le cardinal Tauran : Ce n'est pas à son bureau que Jean-Paul II a pris les grandes décisions de son pontificat, en particulier celles qui regardaient les relations avec les États, mais à genoux dans sa chapelle. Un ambassadeur musulman m'a un jour fait la remarque suivante : « J'ai passé trois ans et demi auprès de vous. Vous savez ce qui m'a le plus impressionné ? Ce n'est pas votre position sur Jérusalem, sur le Moyen-Orient.

Non : c'est d'avoir vu le pape prier dans les cérémonies publiques. » Jean-Paul II vivait immergé en Dieu. Telle est, je crois, la clé de tout. Telle est la grandeur de ce pape.

XI.

Église sans frontières

S. Ém. le cardinal Sodano : La liberté humaine est innée et inaliénable : voilà le message essentiel de Jean-Paul II, celui qu'il n'a cessé de proclamer en regardant les dictateurs dans les yeux, de Cuba à Haïti. Il avait une prédilection particulière pour l'Amérique latine, dont il a visité tous les États ou presque. J'étais nonce au Chili lorsque, en 1978, la guerre menaçait d'éclater entre ce pays et l'Argentine à propos des îles Picton, Lennox et Nueva, dans le canal de Beagle, au sud de la Terre de Feu. La dictature militaire argentine, après avoir accepté un arbitrage international, en avait refusé la conclusion qui lui était défavorable et préparait activement une attaque militaire contre le Chili. Jean-Paul II, qui venait d'être élu, a immédiatement dépêché le cardinal Antonio Samoré à Santiago du Chili pour assurer une médiation. L'intervention du cardinal Samoré, qu'on a surnommé, à l'occasion, « le Kissinger du Vatican », s'est révélée à ce point décisive pour éviter la guerre que le Chili et l'Argentine ont donné son nom à la principale passe andine qui relie les deux pays…

S. Ém. le cardinal di Montezemolo, nonce apostolique : J'étais nonce au Nicaragua et au Honduras lorsque le pape y est venu en visite pastorale, en 1983. Au Nicaragua, le gouvernement sandiniste incluait deux prêtres, le ministre de l'Éducation, Ernesto Cardenal, et le ministre des Affaires étrangères, Miguel d'Escoto Brockmann. Ces deux « théologiens de la libération » avaient rejoint le gouvernement par conviction personnelle, alors que le Saint-Siège s'opposait à ce que les ecclésiastiques prennent part au pouvoir politique. La situation était donc délicate. Ce voyage a failli ne pas se faire, mais nous avons fini par surmonter les difficultés. Lorsque le pape est venu, d'Escoto a prétexté un voyage à l'étranger pour s'absenter, mais Cardenal était présent. Jean-Paul II l'a salué et lui a demandé, sur un ton très paternel, de se mettre en conformité avec les préceptes de l'Église. Les journaux du régime ont interprété la photo où l'on voit la main du Saint-Père levée comme un geste de menace de sa part, alors qu'il n'en était rien.

S. Ém. le cardinal Sodano : Jean-Paul II s'exprimait toujours de manière très positive, même quand il était en profond désaccord avec son interlocuteur. Quand on l'interrogeait ainsi sur la « théologie de la libération », il répondait : « Il est évident que le choix d'aider en priorité les pauvres ne signifie pas que nous devons nous intéresser exclusivement aux pauvres. Nous sommes ouverts à tous les hommes. Les prêtres de l'Église doivent s'inquiéter pour tout le monde, pour les pauvres comme pour les dirigeants des peuples, et des simples analphabètes aux plus cultivés. »

S. Ém. le cardinal di Montezemolo : J'étais également nonce en Uruguay lorsque Jean-Paul II y a effectué ses deux visites pastorales, en 1987 et 1988. À l'époque, ce pays, bien qu'il ne fût pas marxiste, était de culture et de tradition très anticléricales. Les crucifix étaient interdits dans l'espace public, mais j'ai pu obtenir du président Sanguinetti l'autorisation d'ériger, à côté de la scène montée sur une des grandes places de Montevideo, et de laquelle le pape devait s'adresser à la foule, une croix temporaire de vingt-six mètres de haut ! Nous avons donc construit cette grande croix, qui dominait tout le centre-ville. Une fois le pape reparti, nous nous apprêtions à débuter les travaux de démontage quand s'est levé un très vaste mouvement populaire pour le maintien de cette immense croix en souvenir de la venue du pape. Là, je me suis senti très embarrassé : en tant qu'architecte, je savais que cette croix, qui ne devait rester en place que trois jours, ne pouvait pas rester debout indéfiniment sans constituer un danger évident : ses fondations étaient bien trop fragiles. Le Parlement tardait à donner son accord au maintien de cette croix : chaque jour qui passait risquait de connaître une tragédie à cause de cette croix géante qui menaçait de s'effondrer. C'est pourquoi nous sommes allés, de nuit, injecter clandestinement du ciment dans la base de la croix… Quelques jours plus tard, le Parlement a décidé de la garder : elle est toujours là aujourd'hui.

S. Ém. le cardinal Poupard : L'image de Jean-Paul II comme « pape voyageur » nous est tellement familière qu'on a tendance à oublier que, quinze ans plus tôt, c'était tout bonnement inimaginable. Le pape, bien qu'il n'y fût plus « prisonnier », ne sortait pour ainsi dire pas du Vatican. Pensez : on surnommait Jean XXIII « Johnny Walker » simplement parce qu'il se rendait parfois à la basilique Saint-Paul-hors-les-Murs, qui sc trouve dans Rome même ! C'est Paul VI qui s'est fait le premier « pape voyageur », conformément à sa vision d'une Église véritablement universelle. Son premier voyage a été, on le sait, son pèlerinage en Terre sainte, en 1964. La situation était très tendue entre l'État d'Israël et ses voisins arabes, et l'organisation de ce pèlerinage promettait donc d'être compliquée. Mais, paradoxalement, le fait même que personne n'imaginait le pape prendre l'avion, que ce soit pour aller à Jérusalem ou ailleurs, nous a permis de procéder aux préparatifs sans que personne se doute de rien. Nous avons mis le monde devant le fait accompli. Ce pèlerinage en Terre sainte revêtait une importance capitale pour Paul VI, comme il l'a dit lui-même : « Le successeur de Pierre que je suis retourne d'où Pierre est venu et où aucun de ses successeurs n'était retourné. » Alors que, pendant le concile, beaucoup de courants s'affrontaient au sein de l'Église et menaçaient de la faire éclater, il l'a, par ce geste, recentrée : sauf que ce centre n'était plus Rome, mais Jérusalem. Cela lui a également permis de rencontrer le patriarche orthodoxe de Constantinople. Celui-ci brûlait d'envie de voir le pape, or son saint-synode s'opposait à ce qu'il se rendît à Rome. En allant à Jérusalem, Paul VI faisait la moitié du chemin… Leur rencontre a été d'une importance capitale pour les rapports entre nos Églises.

S. Ém. le cardinal di Montezemolo : Lorsque je suis arrivé à Jérusalem, en 1990, en tant que délégué apostolique, il n'y avait pas encore de nonciature auprès de l'État d'Israël. Plus encore, les institutions ecclésiastiques et celles de l'État d'Israël n'entretenaient absolument aucun contact au-delà de ce que j'appelais un « régime de salamalecs », de courbettes et de rencontres d'apparat où l'on se croise sans jamais vraiment se parler. Ayant eu l'occasion de rencontrer le président Chaim Herzog lors de cérémonies officielles en Uruguay, je me suis dit : « Pourquoi n'irais-je pas rendre une visite privée de courtoisie au chef de l'État ? » J'ai d'abord consulté la secrétairerie d'État pour vérifier si j'avais son aval : ils m'ont immédiatement confirmé l'accord enthousiaste du pape. Herzog m'a reçu très courtoisement et a accepté que l'on mette sur pied un semblant de dialogue. Petit à petit, j'ai réussi à vaincre les réticences des évêques et nous avons organisé, de manière informelle, une sorte de commission pour voir s'il était possible de nouer un embryon de relation.

Si le Saint-Siège ne reconnaissait pas officiellement l'État d'Israël, ce dernier ne reconnaissait pas non plus l'Église catholique. En effet, Israël avait hérité du système juridique ottoman dit du « millet », dans lequel l'identité juridique des personnes physiques ou morales n'existe qu'en tant qu'elle s'inscrit dans le cadre d'une communauté religieuse reconnue. Or, si l'Empire ottoman reconnaissait des communautés sunnite, druze, grecque-orthodoxe, arménienne, assyrienne, chaldéenne et juive, il ne reconnaissait pas de communauté catholique… Dès lors, ainsi que le disaient les autorités israéliennes elles-mêmes, « comment pouvons-nous espérer conclure un accord entre deux entités morales, juridiques, qui ne se reconnaissent pas mutuellement ? ». Et elles avaient raison.

Notre objectif n'était pas d'aboutir à une reconnaissance politique de l'État d'Israël : comme nous l'avons dit, le Saint-Siège a de toute façon pour vocation de traiter avec tous les régimes, quelle que soit la légitimité qui leur est reconnue par ailleurs. Il ne s'agissait même pas d'arriver à nouer des relations diplomatiques, lesquelles peuvent être très fluctuantes au gré des circonstances. Ce qui nous intéressait, en réalité, c'était d'aller au-delà des salutations de politesse pour atteindre une véritable connaissance de l'autre qui servirait de base à une collaboration d'autant plus solide que l'Église catholique dispose de nombreuses institutions en Terre sainte. Les Israéliens, eux, voulaient qu'on établisse des rapports diplomatiques en préalable à toute discussion. Ce à quoi j'ai répondu : « Essayons d'abord de jeter des ponts, d'établir des principes de base ; et, si tout se passe bien, alors nous pourrons nouer des relations diplomatiques. » Notre commission informelle a ainsi pu évoluer en commission bilatérale, laquelle a abouti à la signature de l'Accord fondamental du 30 décembre 1993. Cet accord n'est pas à proprement parler une reconnaissance mutuelle des deux parties ; il consiste uniquement, selon la formule utilisée pour sortir de ces difficultés, en la « reconnaissance objective et conjuguée de certains principes » de la part des deux parties, ces principes étant les droits de l'homme, la liberté de religion, etc.

S. Ém. le cardinal Tauran, secrétaire pour les relations avec les États jusqu'en 2003 : L'Accord fondamental de 1993 ne faisait que normaliser des rapports qui existaient par la force des choses. S'il a fallu attendre si longtemps pour qu'il soit conclu, c'est parce que le Saint-Siège, fidèle à sa tradition d'absolue neutralité, voulait par-dessus tout éviter d'être identifié à l'une ou l'autre des parties prenantes au conflit israélo-arabe. Sa position a toujours été que la tragédie du Proche-Orient est avant tout un problème de justice internationale, c'est-à-dire le droit d'un peuple à avoir sa terre comme tous les autres peuples. Mais dans la mesure où Israël et l'OLP avaient signé les accords d'Oslo en août 1993, que les relations diplomatiques entre l'État hébreu et ses voisins commençaient à se normaliser, il n'y avait plus de raison pour le Saint-Siège de rester sur sa réserve.

S. Ém. le cardinal di Montezemolo : À la suite de la signature de l'accord, les Israéliens ont voulu que nous établissions aussitôt des relations diplomatiques. Nous leur avons demandé un délai d'observation de six mois, pour voir si l'accord fonctionnait, avant d'aller plus loin. Après quoi nous avons effectivement procédé à un échange de notes : eux reconnaissaient l'Église à travers ses institutions en Terre sainte tandis que nous leur confirmions, à défaut de notre reconnaissance politique, notre volonté d'entretenir avec eux des relations – y compris officielles. Autrement dit, nous avons ouvert une nonciature auprès de l'État d'Israël. C'est votre serviteur qui a accepté cet honneur ; je restai simultanément délégué apostolique pour Jérusalem et la Palestine ainsi que nonce à Chypre. En retour, Israël a nommé son premier ambassadeur près le Saint-Siège.

C'est alors qu'a commencé à poindre le problème assez crucial des relations avec Yasser Arafat. Ce dernier, qui savait se faire entendre, m'avait prévenu dès le début : « Tout ce que vous faites avec Israël, vous devez également le faire avec nous. » Nous avons donc essayé, là aussi, d'établir un dialogue. Nous nous sommes rencontrés – en très peu d'occasions, en réalité. Nous avons procédé à un échange de notes pour formaliser nos rapports, comme nous l'avions fait avec Israël, et faciliter le développement d'institutions : hôpitaux, écoles... Mais Arafat voulait plus, il voulait l'ouverture d'une nonciature. Arafat tenait beaucoup à ce que le Saint-Siège reconnaisse rapidement un État palestinien : or, qui dit nonciature dit État, qu'on le considère comme légitime ou pas. Autant on pouvait ouvrir une nonciature auprès de l'État d'Israël puisque cet État existait, nonobstant la non-reconnaissance officielle du Saint-Siège, autant il n'y avait pas d'État palestinien, sauf dans la tête d'Arafat. Il était évidemment impossible pour le Saint-Siège, en ouvrant une nonciature, de prendre une telle position politique qui serait revenue à déclarer unilatéralement la reconnaissance d'un État que personne, même les pays arabes, n'avait jamais reconnu. Mais, s'il n'y avait pas d'État palestinien, il y avait Arafat, et nous devions nouer une relation avec lui, même si nous ignorions encore de quel ordre. Je lui ai alors proposé de nommer un représentant spécial. Arafat m'a répondu : « Pour moi, il faudra que ce soit un ambassadeur ! » Je lui ai dit : « Appelez-le comme vous voudrez. De notre côté, il s'agira d'un délégué apostolique. » C'est ainsi que j'ai été nommé premier représentant spécial auprès de l'Autorité palestinienne. Ce protocole dure encore aujourd'hui, puisque l'État palestinien n'a encore été ni défini ni proclamé.

L'Accord fondamental conclu avec Israël, en 1993, n'était qu'un premier pas ; beaucoup de points litigieux restaient en suspens. Nous avons passé les années qui ont suivi à négocier, jusqu'à aboutir, en 1997, à la signature de l'accord sur la Personnalité juridique de l'Église, par lequel l'État d'Israël accorde une reconnaissance juridique aux diocèses et aux principales institutions catholiques. Les Israéliens ont proposé qu'on y ajoute, en annexe, une liste des institutions existantes. Je leur ai objecté que ce serait figer un état de fait alors que, dans la pratique, le Saint-Siège tenait à conserver la possibilité de créer de nouvelles institutions. Et les Israéliens m'ont effectivement répondu qu'après la signature de l'accord, nous devrions demander une autorisation avant l'ouverture de chaque nouvelle institution. Je leur ai rétorqué que dans la mesure où ils avaient reconnu la souveraineté civile de l'Église, outre la souveraineté ecclésiastique du Saint-Siège – de surcroît régie par des rapports diplomatiques –, ils ne pouvaient pas se réserver un droit de veto quant à la création de nouvelles entités juridiques. Ils ont alors voulu procéder à une distinction : « Nous voulons bien reconnaître les institutions nouvellement établies par le pape, mais pas celles établies par les évêques, qui ont un autre statut juridique. » Nous nous sommes finalement mis d'accord sur un compromis : les nouvelles institutions créées par le pape seraient acceptées d'emblée, tandis que celles établies par les évêques devraient être présentées par le Patriarcat latin au gouvernement. Si elles ne posaient aucune difficulté au gouvernement, elles seraient reconnues et enregistrées dans un registre *ad hoc* ; si le gouvernement trouvait à y redire, leur proposition donnerait lieu à des tables rondes jusqu'à ce qu'émerge une solution acceptée par les deux parties. Cet accord fut très important dans la mesure où il ouvrait la voie au règlement définitif de la question des Lieux saints.

S. Ém. le cardinal Tauran : Les Lieux saints ne sont pas seulement des monuments : ils sont le cœur de communautés humaines qui ont leurs traditions, leur culture, leur folklore, leurs artisanat. Ce sont ces réalités humaines que nous devons sauvegarder, pour que les Lieux saints ne deviennent pas des musées. La question des Lieux saints existe depuis 1947 : elle a fait l'objet de la résolution 181 du plan de partition de la Palestine élaboré par les Nations unies. La position du Saint-Siège a toujours été claire : il n'a pas à prendre parti sur le fait que Jérusalem soit la capitale de l'État d'Israël, de l'État palestinien, ou des deux ; c'est un problème qu'Israéliens et Palestiniens doivent régler entre eux. En revanche, la Vieille Ville, qui renferme les Lieux saints des trois religions, revêt un caractère unique et sacré qui doit être préservé de façon à ce que demain, la partie qui en obtiendra le contrôle politique ne puisse pas revendiquer pour elle seule l'administration de ces Lieux saints qui appartiennent en réalité au patrimoine spirituel de la Terre entière. C'est pourquoi le Saint-Siège s'est toujours fait l'avocat d'un statut spécial garanti internationalement.

S. Ém. le cardinal di Montezemolo : La gestion actuelle des Lieux saints, répartie entre les différentes Églises chrétiennes – grecque-orthodoxe, arménienne et catholique à travers la Custodie franciscaine de Terre sainte –, trouve son origine dans l'administration ottomane dont l'État d'Israël a hérité. Ce n'est pas le Saint-Siège qui a défini ce statu quo, mais le califat ottoman. Ses règles non écrites ont toujours été scrupuleusement respectées par toutes les parties. Avec toutes les contraintes qu'il suppose, il représente une vraie garantie de sécurité qui permet de gérer ces Lieux saints en ayant l'assurance qu'ils resteront entre les mains des chrétiens, si l'Histoire le veut bien.

Je voudrais, pour finir, revenir sur ce qui m'a le plus marqué lors de ces négociations avec Israël et surtout avec Arafat : c'est la complexité du rapport entre identité religieuse et identité nationale. De notre point de vue, les choses sont claires : nous respectons absolument les identités nationales et nous ne plaquons pas sur elles des identités religieuses. Il y a des catholiques de nationalité israélienne et des catholiques qui vivent dans les Territoires palestiniens, sans parler des autres confessions chrétiennes. Nous ne faisons pas non plus de prosélytisme en Terre sainte, ni en direction des Juifs ni en direction des musulmans. L'important, à nos yeux, est de maintenir une cohabitation pacifique des différentes confessions. Nous sommes tout à fait à l'aise avec la pluralité des religions et des nationalités dans la région, et nous n'avons pas à adopter un comportement différent selon que le problème concerne des territoires israéliens, palestiniens ou même jordaniens, dans la mesure où le Patriarcat latin de Jérusalem a aussi juridiction sur la Transjordanie. La seule chose qui importe à nos yeux est que nos institutions puissent continuer de vivre.

C'est pourquoi le mur qui sépare l'État d'Israël des Territoires palestiniens constitue pour nous un fait très grave : il coupe en deux certaines institutions, le mur se dresse entre des écoles et les écoliers qui les fréquentent, Bethléem est coupée de Jérusalem alors que les pèlerins viennent en général voir ces deux villes… Cependant, pour être tout à fait honnête, même si les pèlerins éprouvent de temps à autre des difficultés à passer, les postes frontières étant parfois fermés, il faut dire qu'Israël respecte les pèlerins et facilite généralement leur passage. Il faut dire aussi que les zones où vivent les chrétiens ne sont pas, en général, celles d'où partent les attentats, ce qui fait que les pèlerins peuvent s'y rendre sans problème tant qu'ils sont conscients des endroits à éviter.

Bien entendu, si demain on pouvait définir de manière plus claire ces deux États grâce à des accords sains et stables, ce serait plus sûr pour tout le monde. J'espère que, dans un futur proche, on parviendra à un accord capable d'améliorer la situation, afin que cette zone soit enfin pacifique, respectueuse, libre et sûre.

La première mission permanente en Chine a été fondée par le jésuite Matteo Ricci en 1601. Les relations entre l'Église locale et le pouvoir impérial furent longtemps difficiles dans la mesure où le catholicisme interdit le culte des ancêtres, lequel est en revanche le pilier central de la culture spirituelle chinoise et de sa structure sociale dont le pouvoir politique est le garant. Les choses changent en décembre 1939 lorsque Pie XII, par l'intermédiaire de la congrégation pour la Doctrine de la foi, déclare que le culte des ancêtres doit être considéré, non comme une adoration païenne, mais comme une forme légitime d'expression du respect filial – il passe ainsi du domaine religieux au domaine culturel, et ne constitue plus un obstacle à la conversion. Pie XII ouvre ainsi la porte à une progression du catholicisme en Chine. La République de Chine et le Saint-Siège établissent des relations diplomatiques en 1943. En 1949, on compte à peu près quatre millions de catholiques chinois (dont 2 557 prêtres autochtones et 3 080 missionnaires) répartis dans 20 archidiocèses, 85 diocèses et 39 préfectures apostoliques.

En 1951, la Chine, devenue République populaire et démocratique, expulse le nonce Antonio Riberi, rompant ainsi les liens diplomatiques. Elle exige que le Saint-Siège « s'abstienne de s'ingérer dans les affaires religieuses de la Chine » et qu'il cesse de reconnaître la République de Chine (Taïwan). En 1957, elle met sur pied l'Association catholique patriotique chinoise, Église autonome par rapport à Rome mais inféodée au régime maoïste. Cette Église possède ses propres évêques, qui sont désignés par le gouvernement. Les ecclésiastiques qui refusent d'intégrer la structure de l'Église officielle forment une Église souterraine informelle et persécutée.

À partir de 1993, l'Église officielle et le Vatican se sont rapprochés afin que les ordinations épiscopales soient décidées d'un commun accord et que l'on évite la création d'une hiérarchie ecclésiastique parallèle qui ferait de l'Association catholique patriotique chinoise une Église totalement schismatique. En 2005, Benoît XVI a convié au synode épiscopal un évêque de l'Église souterraine et trois évêques de l'Église officielle ; en 2007, il a appelé, par une lettre, à la collaboration des deux Églises et y a affirmé que les ordinations épiscopales de l'Église officielle, bien que non légitimes, étaient valides.

S. Ém. le cardinal Etchegaray, vice-doyen du collège cardinalice : J'étais archevêque de Marseille lorsque, peu avant la mort de Paul VI, un curé de la cité phocéenne, membre des Amitiés franco-chinoises, m'a proposé d'entreprendre un voyage en Chine. En réalité, les Amitiés franco-chinoises étant une association agréée par la Chine populaire, l'invitation bénéficiait au minimum de l'accord explicite du gouvernement chinois. J'avais, quant à moi, toujours été attiré par cet immense pays, auquel plusieurs coïncidences me relient. D'une part, la sœur de saint François Xavier, le grand missionnaire de l'Orient qui ne parvint jamais à pénétrer en Chine, s'était mariée à Espelette, mon village natal. D'autre part, Espelette compte également parmi ses enfants un autre grand missionnaire de la Chine, le lazariste Armand David (XIXe siècle) à qui l'on doit, notamment, les premiers efforts de conservation du panda géant.

L'invitation qui m'était faite était audacieuse, la première proposée à un homme d'Église ; c'est pourquoi, même avec les meilleures assurances de l'ambassadeur chinois à Paris, il me fallait encore la bénédiction du Saint-Père. Entre-temps, Paul VI était mort et Jean-Paul II lui avait succédé. Je lui ai demandé : « Que me donnez-vous comme consigne ? » Il m'a répondu, dans un sourire : « À la grâce de Dieu… » À l'époque, se rendre en Chine s'apparentait à un grand saut dans l'inconnu : Mao était mort à peine quelques années auparavant, on sentait encore pleinement les effets de la révolution culturelle. Je suis donc parti à l'aventure en 1981, seulement accompagné du père Mauchand, qui avait effectué son noviciat jésuite en Chine, et du politologue René Rémond, un ami très proche.

À ma descente d'avion m'attendait, à ma grande surprise, un délégué du gouvernement chinois. Il m'a proposé, gentiment, de m'emmener rencontrer l'évêque de Pékin ; mais comme ce dernier appartenait à leur Église d'État, j'ai dit que cela ne m'intéressait que si l'on me permettait également de rencontrer l'évêque de l'Église souterraine… Bien entendu, je n'ai vu ni l'un ni l'autre. Je tiens cependant à souligner que l'Église officielle n'est jamais allée jusqu'au schisme : non seulement elle est avec l'Église dans une parfaite unité de foi, mais la plupart de ses évêques, bien qu'ordonnés illégitimement, reconnaissent sans réserve aucune l'autorité du souverain pontife.

Toujours est-il que les Chinois ont fait tout leur possible pour que je puisse circuler partout où je le voulais. J'ai notamment pu aller me recueillir sur la tombe du grand missionnaire de la Chine, le père Matteo Ricci, qui se trouve maintenant dans l'enceinte de l'université d'administration de Pékin. J'ai également été reçu en frère, le mot n'est pas trop fort, par un dignitaire de l'Assemblée du peuple ; j'ai encore pu nouer de véritables contacts dans les quartiers populaires. Il y a un proverbe chinois qui dit : « Ce qui compte, ce n'est pas de pouvoir voler dans les airs ou de glisser sur les eaux ; c'est de fouler la terre des hommes. » C'est par la porte de l'amitié que l'on peut pénétrer la Chine ; c'est grâce à l'amitié que j'ai pu y effectuer quatre voyages.

Révérend Cervellera, responsable de l'agence missionnaire AsiaNews : Du point de vue diplomatique, peu de choses se sont réellement passées depuis 1951. La Chine était encore récemment très fermée sur elle-même et a de plus attribué la responsabilité de la chute du communisme en Europe de l'Est au pape, qui est dès lors devenu l'ennemi du Parti communiste chinois. Jean-Paul II, au cours de son pontificat, a lancé près de quarante messages à l'adresse du régime chinois, du peuple chinois, de l'Église officielle… Aucun n'a reçu de réponse. Cependant, l'activisme du Vatican et des catholiques expatriés en Chine a permis de renouer des liens entre le Vatican et l'Église officielle ainsi qu'entre cette dernière et l'Église souterraine. Les tensions entre ces deux Églises ont toujours été grandes du fait que les évêques de l'Église souterraine ont souffert contrôles, incarcérations, isolement, etc., pendant que les évêques officiels jouissaient d'une vie confortable. Toujours est-il que depuis la fin des années 1990, au moins 85 % des évêques de l'Église officielle ont renoué les liens avec le Vatican et les deux tiers de l'Église chinoise échangent en parfaite communion, y compris entre Église officielle et Église souterraine. Le gouvernement chinois donne le chiffre de cinq millions de catholiques « officiels ». L'Église souterraine est, quant à elle, estimée à neuf ou dix millions de fidèles, soit au total environ quinze millions de catholiques pour toute la Chine.

Il reste encore quelques zones géographiques où les choses ne se passent pas tout à fait comme nous le souhaiterions. Le parti ne se décide pas à franchir le cap et à garantir la pleine liberté religieuse à toute l'Église catholique. Même si l'on distingue, ici et là, quelques lueurs d'effort et de nouveauté, il est clair que le régime considère l'expérience du culte comme dangereuse pour sa survie. C'est pourquoi il ressent le besoin de contrôler la pratique religieuse à travers des « associations patriotiques » qui supervisent les rites, le personnel, les lieux de culte… Récemment encore, il avait une attitude très violente envers l'Église souterraine. La majorité des évêques « non officiels » sont placés en isolement et ne peuvent pas exercer leur ministère. Plusieurs d'entre eux ont été emprisonnés dans les années 1990 et sont encore derrière les barreaux : ainsi, depuis 1996, on ne sait même pas où est détenu Mgr Jacques Su Zhimin, l'évêque de Baoding, et bien d'autres…

Beaucoup d'évêques ont aussi fait l'objet de violences physiques. Ainsi, au début des années 2000, certains sont morts dans des conditions étranges : séquestrés par la police pendant cinq ou six ans, on les a vus pour la dernière fois à l'hôpital ; leurs proches ont été appelés pour les saluer. Le soir même, ces évêques sont morts, et le lendemain à cinq heures du matin, ils avaient été incinérés et enterrés sans la présence de leurs intimes. Il est fort probable – et c'est ce que disent les catholiques – qu'ils aient été torturés et qu'en les incinérant et en les ensevelissant, on ait cherché à en faire disparaître les preuves.

Le problème de l'Église officielle est multiple. D'une part, elle souffre d'un manque de liberté pastorale : elle doit demander la permission pour tout : pour pratiquer ses rites, pour enseigner le catéchisme, se regrouper en assemblée, publier un livre, effectuer des visites pastorales… Son activité est très surveillée ; et comme nombre de ses évêques sont en accord avec le pape, ils subissent eux aussi des contrôles, quelquefois même vingt-quatre heures sur vingt-quatre. D'autre part, il est essentiel, du point de vue de la doctrine catholique, que les évêques soient nommés par le Vatican et non par le gouvernement ou par les assemblées électives diocésaines, comme cela se passe actuellement. On cherche donc le moyen de nommer des évêques qui soient des candidats ayant reçu l'aval du Saint-Siège. Enfin, ces évêques sont souvent contraints de participer à des rencontres de l'Assemblée des représentants catholiques, qui a autorité sur eux et qui est une émanation de l'Association patriotique. Cette Assemblée choisit les évêques sur un mode « démocratique », c'est-à-dire en votant à main levée… Cette structure est précisément l'une de celles que Benoît XVI dénonce comme contraire au catholicisme dans sa lettre du 27 mai 2007 : dans la doctrine catholique, ce sont les évêques qui sont les points de référence ultimes des Églises nationales, il ne peut y avoir d'Assemblée qui leur soit supérieure. Aujourd'hui, les évêques de l'Église officielle sont obligés de participer à ces rencontres, alors qu'ils devraient refuser.

S. Ém. le cardinal Etchegaray : Quand je regarde l'Église de Chine aujourd'hui, je vois une Église implantée dans une société tiraillée entre un matérialisme pratique galopant et un matérialisme idéologique claudiquant qui, tous deux, laissent peu de place à la foi chrétienne. Mais je vois aussi une Église devenue plus consciente de sa vocation chinoise et décidée à trouver les moyens pour assurer son propre avenir : la vie des communautés religieuses refait surface par le biais d'œuvres sociales. Malheureusement, je vois encore une Église affaiblie par la plus crucifiante des épreuves, celle du déchirement constant de son unité – et pourtant, elle demeure malgré tout une seule Église.

Le Christ nous a donné comme mission d'« aller par toute la Terre annoncer l'Évangile aux nations ». Or la Chine et l'Inde représentent à elles seules presque la moitié de la population mondiale : c'est pourquoi l'Extrême-Orient constitue le principal défi de l'Église. Il n'est pas facile d'y proclamer l'Évangile ; mais il ne faut pas se décourager. Le père Alexandre Men, un prêtre orthodoxe russe assassiné à coups de hache en URSS en 1990, a écrit : « Le christianisme commence à peine. » Nous sommes au début d'une histoire que Dieu seul connaît ; et j'ai confiance, même s'il reste beaucoup à faire. Car Dieu fait, c'est sûr ; mais Il ne peut rien sans l'homme.

Biographie des intervenants

Jacques Andréani : Ambassadeur de France en URSS en 1961 lors de la construction du mur de Berlin et de la crise des missiles de Cuba, il est ensuite chargé des relations avec l'ensemble du bloc communiste d'Europe de l'Est. À ce titre, il dirige la délégation française aux pourparlers préliminaires à la Conférence sur la sécurité et la coopération en Europe (CSCE) à Helsinki. Il est l'auteur de *Le Piège : Helsinki et la chute du communisme* (Odile Jacob, 2005).

Père Vicente Cárcel Ortí, s.j. : Historien, ce prélat d'honneur du pape travaille à la curie depuis 1969. Nommé en 1982 à la tête de la chancellerie du Tribunal suprême de la signature apostolique, il est l'auteur d'une monumentale *Histoire de l'Église dans l'Espagne contemporaine* (en espagnol).

Révérend Bernardo Cervellera : Bernardo Cervellera, missionnaire de l'Institut pontifical des Missions étrangères et journaliste, est actuellement le responsable de l'agence AsiaNews après avoir dirigé, de 1997 à 2002, l'agence de presse vaticane Fides. Il a vécu à Pékin de 1995 à 1997.

Philippe Chenaux : Cet historien, professeur d'histoire de l'Église moderne et contemporaine à l'université du Latran à Rome, est l'auteur de nombreux ouvrages dont *Une Europe vaticane ? : entre le plan Marshall et les traités de Rome* (éd. Ciaco, Louvain-la-Neuve, 1990) ; *Pie XII, diplomate et pasteur* (Le Cerf, 2003) ; *De la Chrétienté à l'Europe : les catholiques et l'idée européenne au XXe siècle* (éd. CLD, Tours, 2007) et *L'Église catholique et le communisme en Europe (1917-1989), de Lénine à Jean-Paul II* (Le Cerf, 2009).

Cardinal Georges Cottier : Né en Suisse en 1922, il entre dans l'ordre des Frères prêcheurs (Dominicains) en 1945. Ordonné prêtre en 1951, il commence une carrière d'enseignant aux universités de Genève puis de Fribourg. Il participe au concile Vatican II comme expert privé de Mgr Charles de Provenchères, archevêque d'Aix-en-Provence ; puis, directement, comme expert du concile lors de la dernière session. Élevé au rang d'archevêque le 7 octobre 2003 en vue de son élévation au cardinalat quelques jours plus tard, il est actuellement théologien émérite de la Maison pontificale.

Cardinal Andrea Cordero Lanza di Montezemolo : Né en 1925 à Turin, il est ordonné prêtre en 1954 pour le diocèse de Rome. C'est dans cette même ville que son père perd la vie lors du tragique massacre des Fosses Ardéatines par les nazis en mars 1944. En 1972, il devient sous-secrétaire du conseil pontifical Justice et Paix, puis secrétaire de ce même dicastère jusqu'en 1977. Consacré évêque cette année-là, il poursuit une carrière diplomatique comme nonce apostolique : en Papouasie-Nouvelle-Guinée et aux îles Salomon de 1977 à 1980, au Nicaragua et au Honduras jusqu'en 1986, puis en Uruguay de 1986 à 1990. En 1990, il est nommé délégué apostolique à Jérusalem et en Palestine et grand chancelier de l'université arabe de Bethléem. Le 30 décembre 1993, à Jérusalem, le Saint-Siège et l'État d'Israël signent l'Accord fondamental qui reconnaît « la nature unique des relations entre l'Église catholique et le peuple juif ». À la suite de cet accord, il devient premier nonce apostolique en Israël. Il est actuellement archiprêtre émérite de la basilique patriarcale Saint-Paul-hors-les-Murs.

Cardinal Roger Etchegaray : Né 1922 à Espelette, il est archevêque de Marseille de 1970 à 1985, président de la Conférence des évêques de France de 1975 à 1981 ainsi que du Conseil des conférences épiscopales d'Europe. En 1984, il entre à la curie romaine en temps que président des conseils pontificaux Justice et Paix et *Cor Unum.* En 1994, il a été nommé président du comité central du Grand Jubilé de l'an 2000. Après avoir, de 1979 à 2005, voyagé dans le monde entier comme diplomate informel du Saint-Siège, il est actuellement vice-doyen du Sacré-Collège.

Père Peter Gumpel, s.j. : Jésuite allemand, cet historien, né en 1923, est le relateur de la cause en béatification de Pie XII.

Guy Hermet : Auteur d'une thèse de doctorat sur *Les Catholiques dans l'Espagne franquiste*, ce chercheur a enseigné jusqu'en 2000 à l'IEP de Paris, à l'université de Lausanne, à l'Institut universitaire des hautes études internationales de Genève et à l'Université libre de Bruxelles. Chercheur à la Fondation nationale des sciences politiques à partir de 1962, il a assumé, de 1976 à 1985, la direction de son Centre d'études et de recherches internationales (CERI). Spécialiste de la démocratie, il est notamment l'auteur de : *L'Hiver de la démocratie ou le Nouveau Régime* (Armand Colin, 2007), *Dictionnaire de la science politique* (Armand Colin, 7e éd., 2010), *Histoire des nations et du nationalisme en Europe* (Le Seuil, 1996) et *Le Passage à la démocratie* (Presses de Sciences Po, 1996).

Philippe Levillain : Historien français, professeur d'histoire contemporaine à Paris-Ouest Nanterre-La Défense, membre émérite de l'Institut universitaire de France et membre du comité pontifical des Sciences historiques. Spécialiste du catholicisme, il a dirigé le *Dictionnaire historique de la papauté* (Fayard, 2006) et a publié *Nations et Saint-Siège au XXe siècle* (Fayard, 2003) et *Le Moment Benoît XVI* (Fayard, 2008).

Francesco Margiotta-Broglio : Professeur à la faculté de sciences politiques de l'université de Florence, ce politologue est également président de la commission de Conciliation et de Bons Offices de l'Unesco.

Cardinal Paul Poupard : Recteur de l'Institut catholique de Paris de 1971 à 1981, il est nommé, en 1980, proprésident du conseil pontifical pour le dialogue avec les Non-Croyants et, en 1982, secrétaire du conseil pontifical de la Culture puis, jusqu'en 2007, président du second quand il intègre le premier (en 1993) ; il en est maintenant le président émérite. De 2006 à 2007, il préside également le conseil pontifical pour le Dialogue interreligieux. Il est actuellement président émérite du conseil pontifical de la Culture et du conseil pontifical pour le Dialogue interreligieux.

Cardinal Achille Silvestrini : Né en Italie en 1923, il est, de 1958 à 1969, le collaborateur des secrétaires d'État Tardini et Cicognani. En 1972-1975, il représente le Saint-Siège aux Accords d'Helsinki en tant que sous-secrétaire du conseil pour les Affaires publiques de l'Église. Nommé en 1979 secrétaire du conseil pour les Affaires publiques de l'Église, il est ensuite préfet du Tribunal suprême de la signature apostolique de 1988 à 1991, puis préfet de la congrégation pour les Églises orientales, poste qu'il occupe de 1991 à 2000.

Cardinal Angelo Sodano : Né en Italie en 1927 et consacré évêque en 1978, il devient nonce apostolique au Chili, travaillant à résoudre le grave problème territorial qui oppose ce pays à l'Argentine. En 1986, il devient secrétaire du conseil pour les relations avec les États. En 1990, Jean-Paul II le nomme prosecrétaire d'État, en attendant de devenir secrétaire d'État en 1991, après son élévation à la pourpre cardinalice. Il le restera jusqu'en septembre 2006. Secrétaire d'État émérite, il est actuellement doyen du Sacré-Collège et fut l'un des principaux artisans de l'élection du cardinal Ratzinger au trône pontifical.

Cardinal Jean-Louis Tauran : Né à Bordeaux en 1943, il est consacré évêque en 1990 et nommé secrétaire du conseil pour les relations avec les États, fonction qu'il occupe pendant treize ans, avant de devenir archiviste et bibliothécaire de la Sainte Église romaine, et, à ce titre, responsable des Archives secrètes du Vatican. Créé cardinal en 2003, il est nommé président du conseil pontifical pour le Dialogue interreligieux le 25 juin 2007.

Hubert Wolf : Historien de l'Église allemand né en 1959, il est prêtre et professeur d'histoire de l'Église moderne et contemporaine à l'université de Münster. Spécialiste non seulement de l'Inquisition mais encore du catholicisme face au national-socialisme, il dirige l'« édition critique des rapports de nonciature d'Eugenio Pacelli (1917-1929) ». Il a publié *Le Pape et le Diable* (CNRS Éditions, 2009).

Giancarlo Zizola : Journaliste italien spécialiste de la papauté, il est l'auteur, entre autres, de : *L'Église, le pouvoir et les religions dans la mondialisation* (Desclée de Brouwer, 2010), *Benoît XVI ou le Mystère Ratzinger* (avec Jacques Duquesne, Desclée de Brouwer-Le Seuil, 2005) et *Les Papes du XX*[e] *siècle* (Desclée de Brouwer, 1996).

Table

Composition IGS-CP
Impression : Imprimerie Floch, septembre 2010
Éditions Albin Michel
22, rue Huyghens, 75014 Paris
www.albin-michel.fr

ISBN : 978-2-226-21732-5
N° d'édition : 19439/01 – N° d'impression : 77611
Dépôt légal : octobre 2010
Imprimé en France.